U0600771

道德教育原理与法治意识培育研究

张玉莲◎著

吉林文史出版社

图书在版编目（CIP）数据

道德教育原理与法治意识培育研究 / 张玉莲著. --
长春 : 吉林文史出版社，2023.4
ISBN 978-7-5472-9321-8

Ⅰ. ①道… Ⅱ. ①张… Ⅲ. ①德育－研究－中国②社
会主义法制－法制教育－研究－中国 Ⅳ. ①G41
②D920.4

中国国家版本馆CIP数据核字(2023)第057749号

DAODE JIAOYU YUANLI YU FAZHI YISHI PEIYU YANJIU

书　　名　道德教育原理与法治意识培育研究
著　　者　张玉莲
责任编辑　张　蕊
出版发行　吉林文史出版社有限责任公司
地　　址　长春市福祉大路 5788号
印　　刷　北京四海锦诚印刷技术有限公司
开　　本　787mm×1092mm 1/16
印　　张　10.75
字　　数　250 千字
版次印次　2023年4月第1版　　2023年4月第1次印刷
定　　价　52.00 元
书　　号　ISBN 978-7-5472-9321-8

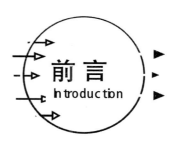

前 言
Introduction

在新形势下，初中阶段在思想教育过程中，要注重把握道德教育和法治教育的重要性，对初中生做好有效的教育，帮助初中生树立正确的人生观和价值观，降低未成年犯罪发生概率。在实际教育工作开展过程中，教师不仅要围绕学生成绩展开教育，而且要拓宽教育视野，关注学生的身心发展，使法治道德建设工作渗透进初中教育，从而促进初中生健康成长和发展。

基于此，本书以"道德教育原理与法治意识培育研究"为题，全书共设置六章：第一章探讨道德与道德教育、道德教育的原则与理念、道德教育的方法与内容、道德教育的途径与特点；第二章分析网络道德教育、网络道德教育的内容体系、网络道德教育的实践运行；第三章讨论生态道德与生态道德教育、新发展理念与生态道德教育的融合、初中生态文明观教育及其发展策略；第四章解析道德教育的人工智能模式、道德教育话语权的创新路径、新媒体视域下道德教育的创新路径；第五章探讨法治意识素养、法治意识培育的目标与必要性、法治意识培育的内容与原则、法治意识培育的主要方法、法治意识培育的有利条件；第六章研究法治意识培育的提升路径——基于初中"道德与法治"课程，内容包括充分发挥学生的主体作用、充分发挥教师的主导作用、提升家庭成员的法治观念、加强校园的法治文化建设。

本书从道德教育的基本内容出发，探讨了网络道德教育与生态道德教育的运行策略，道德教育的人工智能模式与创新路径，围绕法治意识培育对我国法治意识培育模式改革进行了深入探讨。本书结构合理，内容通俗易懂，它的出版能够在道德与法治教育中发挥积极作用，从而提高学生的综合素质。

本书的撰写得到了许多专家学者的帮助和指导，在此表示诚挚的谢意。由于笔者水平有限，加之时间仓促，书中所涉及的内容难免有疏漏与不够严谨之处，希望各位读者多提宝贵意见，以待进一步修改，使之更加完善。

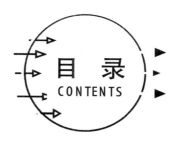

目 录
CONTENTS

第一章　道德教育概论

第一节　道德与道德教育

一、道德

道德作为一种意识形态，作为一种社会现象，作为一种评价体系，是通过社会舆论、价值观念和个人内心信念以及必要的行政手段，调节个人与他人、人与自然、个人与社会之间关系行为准则和规范的总和。道德是人们通过长期的社会生活形成的有关公正与偏私、诚实和虚伪、善与恶等观念、情感和行为习惯，并通过良心指导的人格完善和社会舆论来调节个人与他人、人与自然、人与社会之间关系的规范体系。

简言之，道德是以善恶为标准，依靠社会舆论、内心信念、传统风俗等调节人们之间和人与社会之间关系的准则。

道德是在人类社会生活中产生的，由经济关系决定的，依靠特殊社会手段和人们的内心信念维系的，以善恶进行评价的心理意识、原则规范和行为活动的总和。道德的这一定义包含了四层意思：①道德是一定社会经济关系的产物，并随着经济关系的发展而变化；②同法律、政治等其他社会意识形态并不相同，道德在发挥作用调整人们的行为时，并不具有强制性，而是依靠人们的内心信念、利用传统习惯以及制造社会舆论导向等来发挥作用，显示了道德不同于其他意识形态的特殊本质；③道德只能调整人们的部分行为，而且是通过以善恶进行评价来调整人们的行为，这就区别于政治规范法律规范，并且和政治规范、法律规范一起组成一个完整的调节体系，来调节人们的行为；④道德是调整人们之间以及个人和社会之间关系的原则规范、心理意识和行为活动三方面的总和。

"道德的定义不仅是伦理学研究的元问题，也是道德教育研究的重要问题。它不仅关涉道德这种人类特有的文化现象的本质性揭示，而且关涉道德教育的方方面面。"[1]

二、道德教育

道德教育是指教育者按照一定社会或阶级的要求，有目的、有计划、有组织地对受教育者施加思想、政治和道德等方面的影响，并通过受教育者积极的认识、体验与践行，以使其形成一定社会和阶级所需要品德的教育活动。关于道德教育的定义又有广义与狭义之分：广义的道德教育包括道德教育、政治教育和思想教育，甚至和品德教育有关的教育都归属于道德教育；狭义的道德教育就是指对公民道德品质的教育。

道德教育是一种重要的道德活动方式，是造就人们内在道德品质，培育理性人格，形成良好社会风气与社会舆论的重要手段。一定社会或者阶级的道德要想被最广大的人民群众所接受，除了它必须符合社会发展规律，反映社会道德本质外，还必须对人们进行道德教育。道德教育是通过向人们解释道德理论和传授道德知识，帮助受教育者陶冶道德情感、锻炼道德意志、提高道德认知并最后养成道德行为的过程。

第二节　道德教育的原则与理念

一、道德教育的原则

原则，是指说话或行事所依据的法则或标准。道德教育原则，就是指在道德教育工作过程中，正确处理各种矛盾和关系必须遵循的法则或标准。它是在长期的道德教育实践中形成和发展起来的，它的确立，有着坚实的实践基础和科学的理论依据。中学教师在对初中生进行道德教育时应遵循以下原则。

（一）寓教于乐原则

初中生都不喜欢自己的学习和生活内容枯燥乏味。大多数成功的教师，都能够正确地对待学生的玩，善于把学生对玩的兴趣引导到学习上来。让学生对学习感到有趣，既会学，又会玩，在学中玩，在玩中学。这就是寓教、寓学于乐的原则。

（二）沟通疏导原则

这里所说的沟通，一是学校与家长、社会的沟通，二是指教师与学生、学生与学生间的沟通。学生的道德建设不是学校单方面的事，只有建立起学校、家长、社会的立体

---

① 刘长欣：《道德教育及其知识化路径》，《教育研究》2014年第35卷第08期，第25页。

网络，树立"育人先育德"的观念，为国教子，为国育人，办好家长学校，使家长掌握先进的育子（女）的知识和技巧，学校与家长建立沟通渠道，才能发挥育人的效应。同时，教师应该成为学生的朋友，学会做学生的心理医生。换言之，教师要了解自己的学生，要主动并经常地与学生进行心理上的沟通。如果教师能够成为学生的朋友，学生就会把自己的心里话告诉老师，使老师对学生能够保持经常的理解。老师如果能够经常与学生进行沟通，就会获得学生的充分信任，使老师的教育要求被学生自觉地接受，从而达到最佳的教育效果。

现在，各级各类学校纷纷成立了"家长学校"，在学生的道德教育方面做出了有益的尝试，也积累了不少的经验。这里所说的疏导是指进行道德教育要循循善诱，以理服人，从提高学生认识入手，调动学生的主动性，使他们积极向上。学生正处在道德认识的迅猛发展时期，他们向往未来、要求上进、极力扩大自己的视野，因此，要注重正面教育，提高思想认识。

贯彻沟通疏导原则要求教育者做到以下三点：

第一，讲明道理，疏导思想。对初中生进行道德教育，要注重摆事实，讲道理，做深入细致工作，启发他们自觉意识，自觉履行道德规范。

第二，因势利导，循循善诱。初中生活泼好动、精力旺盛、兴趣广泛，喜欢参加自己爱好的活动。道德教育要善于把学生的积极性和志趣引导到正确的方向上来。

第三，表扬激励，正面教育。学生有强烈的自尊心、荣誉感。在他们的成长过程中，要坚持正面教育，对他们表现出来的积极性和微小的进步，要多加赞许和激励，引导他们树立正确的人生观、价值观。

（三）德才共育原则

学生在成长过程中，在接受一定智力影响的同时，心理上还会受到各种思想品德的影响。对学生进行德育和智育兼备共育是十分重要的，因为学生在品德个性发展的关键期，极容易受到不良思想品德和不良社会文化的影响。

（四）化解冲突原则

学校教育中产生矛盾是必然的，但在发生矛盾时如何避免冲突是非常重要的。教师在与学生发生矛盾时，调整自己的情绪，使双方的矛盾得到缓解，是教育中必须要遵循的重要原则。教师应该理智地控制自己的情绪，不管是学生之间，还是师生之间，教师都应该遇事冷静，心态平和，避免使用激烈的言词或容易激发矛盾的行为，使师生、学生之间形成相互尊重的气氛，建立平等和谐的共处环境。同时，教师的观念也要与时俱进。

（五）民主平等原则

教育中的民主氛围对学生的成长是十分有利的。民主平等原则的主要内容是教师应该与学生之间保持一种人格上的平等关系，要把学生看成是独立个体。遇事应该虚心或耐心听取学生的意见，然后对学生提出自己的指导性意见。只要不是原则性问题，应该让学生自己拿主意，或者与学生共同讨论解决问题的办法，这样学生的身心就会获得健康发展。

加强学生道德教育，最关键的是教育观念的转变。无论是教师、家长还是社会，最重要的是要确立正确的人才观和质量观。转变教育观念，首先，把学生当作一个平等交往和交流的人，学校的一切工作要给学生提供平等的表现机会；其次，承认学生在发展中存在的差异，允许学生有差异。学校的一切教育教学活动，都不应"一刀切"，评价学生时要看学生自身，不断鼓励学生的进步，让学生在关爱和激励中健康成长。

（六）独立自主原则

所谓独立自主原则是鼓励学生独立完成应该由他们自己做的事情。因为学生在成长过程中，已经产生了要参加社会活动或自己做事的独立个性。这种独立的人格个性萌芽，对于学生的健康成长有着十分重要的意义。每一个学生长大后都要独立地面对社会，他们能否形成独立的人格品质，是决定他们在社会生存和发展的重要因素。

教师应该从小培养学生的独立品质，让他们养成自己的事情自己做，敢于独立地解决各种问题的个性品质，形成坚强的意志品质，才能成长为社会有用的人才。同时，在课外活动的设计上，主张学校根据学生的实际，自行设计课外活动项目，教师作为学生活动的参与者和顾问。

（七）示范表率原则

教师在道德教育中，最重要的是身教，要以身立教。一个好的教师平时话并不多，会用自己的一言一行给学生做出榜样，会用自己高尚的人格，去培养学生高尚的人格，以德育德，以情育情，以性养性，以行导行。教师是学生模仿和学习的榜样，从一定意义上讲，教师是学生的镜子，学生可以从老师那里学到许多东西。同样道理，学生则是老师的影子，学生的语言和行为表现在一定程度上就是教师的翻版。所以，教师要时刻注意用良好的道德品质和文明的语言行为去影响自己的学生，使学生的身心健康成长。现在许多学校都规定了教师的语言和行为规范，并倡导教师使用文明用语等；对教师的服饰、行为进行了一些规定，也就是出于此原则的要求。

此外，环境教育也是至关重要的，学校教育中要有效利用环境的熏陶来教育学生，这无疑是道德教育最便捷的资源。

（八）系统规范原则

系统规范原则是学校教育中非常重要的要求。教育环境的影响经常是自发的，而不是有意识的。因此，在学校教育中建立常规非常重要，学校也应有自己的校风、学风。在学校中建立一些必要的规则，让所有的学生遵守，学生就会在这种潜移默化的教育环境中受到良好的纪律性和规范性教育，从而养成良好的行为品质。

二、道德教育的理念

新时期，国内、国际环境以及初中生本身的特点都发生了变化，"因此，如何在经济全球化和信息时代对青少年开展富有针对性和实效性的道德教育，一直是教育实践和教育理论研究关注的焦点"。[①] 道德教育的完善与创新，需要根据时代特点对道德教育理念进行革新，使其与时俱进，紧跟时代步伐。

（一）整体育人

整体育人的理念是把整个道德教育过程看作一个整体，包括主体、客体、媒介和教育环境。这样整体育人在新时期的含义包括两个方面：一是社会、学校和家庭的教育与环境道德教育的结合；二是虚拟空间与现实空间德育的有机结合。

1. 实现社会、学校和家庭教育与环境道德教育的结合

人们已经开始普遍关注和重视有关道德教育合力的问题。发挥好合力作用的德育，不仅可以得到比单一道德教育更强大的力量，而且可以得到类似几何效应的新效果。随着科学技术的突飞猛进与电子信息技术的发展，道德教育出现了社会化、多元化、深邃化的发展趋势。从时间上看，道德教育已经不局限于学校教育的时间范围内；从空间上看，道德教育也不拘于学校的范围。跨越了空间与时间的道德教育，已经成为一个全面的、终身的理性认识与道德实践。全球化进程的逐步发展，使道德教育的主体已经超出了国家、学校的范畴，在各民族思想文化的碰撞和交流中不断丰富与发展。

2. 虚拟空间与现实空间道德教育的有机结合

新时代，科技的发展使得人们获得信息的途径走向多样化，而互联网的横空出世更是对传统物理空间的概念造成巨大冲击。虚拟空间的不断发展已经得到人们普遍的认可，人们越来越认识到虚拟空间和现实空间是相辅相成不可替代的。因此，新时期对学生的道德教育必须结合时代特性，利用虚拟空间的强大优势弥补现实空间做不到的漏洞。

虚拟空间同样具备德育的基本环节：施教者—交流沟通—教育者接受—信息反馈—教育者。因此在虚拟空间开展道德教育就一定会产生实际的效果。如果我们能将虚拟空

---

① 周围：《道德教育的理念更新：论积极取向道德教育》，《现代教育管理》2012 年第 12 期，第 112 页。

间与现实空间结合起来进行道德教育，就一定能取到单方面道德教育都取不到的效果。

（二）一元主导与多样包容

全球化的推进和市场经济深入发展等变化，新媒体的迅猛发展，使社会信息化、文化多元化、生活多样化以及发展个体特色等趋势日益明显，道德教育面临的外部环境越来越复杂。处理好这些新的情况与挑战，道德教育要正确处理社会多样化发展，多元文化激荡对初中生造成的困惑。正如中国特色社会主义市场经济制度的实施一样，我们的理念与政策必须和时代紧密结合，必须是有利于社会前进和发展的，因此一元主导与多样包容的德育理念也成为我们不得不直面的话题。

1. 坚持社会主义核心价值观为主导

当前，信息化和全球化推动了当代社会发展，社会主义核心价值观与多元价值观相互激荡。在言论自由、个人获得充分独立的现代，个体更易于接受多元的价值观，这将会导致社会的道德状况变化，道德选择变得迷茫与混乱。因此在新形势下，加强对社会主义核心价值观的宣传与普及已经迫在眉睫。

2. 继承和弘扬中华优秀传统美德

中华优秀传统文化源远流长，自古以来针对人们的道德培养就有"富贵不能淫，贫贱不能移，威武不能屈"等名言警句。道德教育创新，应该先继承我国优秀传统道德文化。根据新时代的特征，实现我国道德的发展与道德教育的创新，适应我国快速发展的现状。

第三节　道德教育的方法与内容

一、道德教育的方法

（一）说理教育法

说理教育法是指通过摆事实、讲道理启发引导受教育者，使其提高思想认识，形成正确观点的方法。

说理教育法是道德教育中运用最广泛的基本方法，其重要特点是以理服人、启发引导。它重视调动受教育者的内在积极因素，增强其主动培养良好品德、矫正不良行为的自觉性。说理教育法常见的方式有讲解、报告、谈话、讨论等。讲解是做系统的讲述和解释。报告是联系实际做专题性的讲演。谈话是就有关问题与受教育者交谈，以提高其认识。讨论是组织受教育者集体议论，得出正确结论，共同提高认识。说理教育选择何种方式，应根据说理目的、内容和受教育者特点等因素决定。在教育实践中，各种方式的运用往往互相渗透，相得益彰。

运用说理教育法时应做到以下五点：

1. 真实性

初中生思想活跃，追求真理，善于观察，勇于探索。道德教育的任务是引导他们观察生活、启发思考，在思考中获得成长。对生活不粉饰、不杜撰、不歪曲是做好道德教育的重要条件。教育者所讲道理应符合客观实际，要有事实依据。

2. 针对性

针对性是提高教育实效的前提和条件。说理教育有针对性，是要了解初中生的问题及原因，从初中生的年龄特点、个性差异及心理状态出发，选择教育内容和恰当方式。如对学生进行说理教育，不宜长篇大论，应说得少而明。

3. 感染性

进行说理教育，不仅要用道理说服，还要以坚定的信念和充沛的热情唤起受教育者的情感共鸣，才能取得良好的实效。为此，教育者要对自己所讲的道理有充分的认识和理解，有深刻的了悟和信服。认识越深刻，道理说得越透彻，影响力越大。说理时，教育者态度要诚恳，对受教育者真心诚意，对自己所讲道理充满信心，发出肺腑之言，谈出实在感受。教育者还要有激情，有充沛的活力，使受教育者受感染和鼓舞，激发起求知的强烈愿望和努力实践的意识。

4. 抓住时机

说理教育的成效，往往不取决于用了多少时间，讲了多少道理，而取决于是否抓住恰当时机。初中生每当在升学转折阶段，或犯了错误之后，或遭遇挫折之时，往往有希望得到指点、关心和帮助的需求。教育者要善于利用时机，因势利导。

5. 讲究语言艺术

说理教育的"理"尽管是从客观实践抽象概括出来的，但并不能理解为"说理"就是照本宣科。说理要取得良好效果，还必须讲究语言艺术。对初中生进行说理教育的语言要力求言简意赅、生动活泼。说理要点到即止。说理时还要力求形象、生动、风趣、幽默。人们总是愿意接近知识丰富、风趣幽默的人，富有朝气的初中生更是如此。教育者说理的语言，要努力追求艺术形式的长处：相声的幽默、小说的形象、戏剧的冲突、诗朗诵的激情。

（二）实践行动法

实践行动法是指有目的、有计划地组织和引导受教育者参加各种实践活动，以训练和培养其良好品德的方法。

实践行动法以实践为道德教育的基础，强调受教育者在实践中的亲身躬行。与其他的道德教育方法相比，其特殊作用是更有利于培养受教育者言行一致、知行统一。实践是人们认识的基础和源泉，受教育者在实践中自己体验、思考、判断、选择并付诸行动，思想认识得到提高，情感体验得到增强，道德意志得到磨炼，道德行为习惯得到培养，实际行为能力得到增强。实践行动法是受到初中生普遍欢迎的道德教育方法。

1. 实践行动法的实施方式

（1）组织受教育者参加各种道德实践活动，培养其良好的思想品德。道德实践活动形式可以有参观调查、人物访谈、志愿服务等。例如，组织学生到工业区观察工厂排放烟尘、废气的颜色、气味及其对周围生态的影响，使学生了解环境污染的严重性，增强环保意识，提高保护环境的自觉性。又如，组织学生走访事业成功人士、爱国爱校杰出校友、身残志坚的先进典型等，让学生体会远大的奋斗目标、坚忍不拔的意志、高尚的道德情感等因素在个人成长成才中的重要作用。另外，还可以组织学生参与社会服务活动，如课余协助警察维持交通秩序，到社区配合做文化宣传，垃圾分类行动等。

（2）让受教育者在完成具体任务中培养优良品德。具体任务既包括学生自己的学习任务，比如课堂认真听讲、独立完成作业、按照操作规程实验等，也包括教育者或集体所委托的各种任务，比如担任值日生、出版墙报、筹办晚会等。

（3）让受教育者按照一定的规章制度，进行日常学习、生活实践，训练良好的行为习惯。比如遵守中学生日常行为规范、中学生守则、学校的作息制度、学生宿舍管理制度等。

2. 实践行动法的实施要点

（1）引导积极参与。教育者要通过与说理教育法、榜样教育法有机结合，使受教育者明确实践活动的目的意义，启发受教育者进行实践的自觉性。要让受教育者认识到："德性"的外在显现是"德行"；只有实践，而且只有持之以恒地坚守"德行"，才能够成为一个有"德性"的人；"德行"就存在于生活点点滴滴的小事之中，存在于一个人举手投足之间。通过启发引导，使受教育者激发起参与实践活动的内在需求。

（2）坚持严格要求。"要求"是向受教育者提出完成既定的目标、任务。没有要求，行动会漫无目的。有要求而不严格，行动会随意散漫，难以培养良好而持久的行为习惯。教育者着眼于培养良好品格的实践活动，要有严格要求。当然，这些要求应不超乎受教育者的实际，而且循序渐进。

（3）经常督促检查。良好道德行为习惯的形成需要一个长期的过程。教育者要经常督促受教育者坚持实践锻炼。注意督促检查，受教育者的自觉性会持久，会收到良好的教育效果。

（4）及时总结提高。实践活动过程，受教育者由于思想觉悟、认识水平、参与角度、体悟程度不同而存在教育实效的差异。当实践活动进行到一个阶段或结束时，教育者要引导受教育者及时总结经验体会。要使受教育者从实践效果的反馈中，加深情感体验，巩固品德认识，增强实践的信心和决心，同时找寻存在不足，明确今后努力的方向。

（三）同伴互动法

同伴互动法是指通过学生与学生之间思想、心理和行为的相互影响、相互作用促进学生健康成长的方法。

同伴互动法强调学生在教育过程中的平等性和参与性，每个学生既是受他人影响的受动者，又是影响他人的主动者。学生在互动中能相互启发、相互帮助、相互鼓励、相互促进。同伴互动法也是初中生乐于接受的道德教育方法。

1. 同伴互动法的实施方法

（1）讨论。每个学生在讨论中都有平等的机会发表自己的见解。由于认知的水平和所站的角度不同，每个人对事理的理解存在一定的差异。通过讨论，学生之间的思想进行相互交流、相互碰撞、相互启发，不仅可以获得思考和解决问题的多种方式，而且可以使处于认知和思维较低阶段的学生向较高阶段发展。

（2）合作。学生在参与某项任务的共同完成中要进行合作。如为了完成对某个学习问题的研究，学习小组每个成员积极参与并分工协作，展开查找资料、收集信息、分析数据、做出结论、撰写报告等工作。在整个过程中，多方收集的资源实现共享，分析问题的思维方式互相启发，处理问题的能力优势得到互补，成员之间还互相帮助、互相鼓励。

（3）评价。学生在交往中必然产生评价行为。学生通常都比较重视别人对自己的评价并经常会评价别人，在评价过程中常产生思想和行为上的变化：因受到评价暗示而反思、调整自己的行为；因评价别人而认同、模仿别人的行为。如：被同伴评价为"受欢迎的人"常在学习、待人、处事等方面对其他学生产生影响；其他学生往往将其作为主要模仿和自觉趋同的对象，学生们还会从中反思自己的不足，调整自己的态度和行为。

2. 同伴互动法的实施要点

（1）充分发挥学生的主体性。学生的主体性是互动的前提。运用同伴互动法，教师要充分发挥学生的主体性，让学生参与教育过程。

（2）指导学生健康交往。学生的互动在交往中实现。初中生常伴随成人感、独立感的增强，进入心理闭锁期，其内心的孤寂感、苦闷感有所增强。教育者要注重创设良好情境，指导学生健康交往，引导学生团结、友爱、互助，让学生通过健康交往，良好的思想、行为得以相互影响。

（3）要有正确的舆论导向。同伴互动法要取得良好的实效，必须有正确的舆论导向。初中生常常因希望被同伴接纳而产生强烈的趋同愿望。由于思想单纯、阅历较浅、明辨是非能力不强，对同伴思想、心理、行为的趋同有时往往缺乏理性的取舍。因此，在学生同伴互动影响过程中，教育者要密切关注学生之间思想、心理、行为影响的状况，发现好的势头要及时表扬、鼓励，发现不良苗头要及时制止、引导，防止学生出现群体的思想、心理、行为迷失。要通过加强集体教育，形成正确的集体评价，以班集体正确的舆论氛围导向学生之间良性的影响。

（四）环境熏陶法

环境熏陶法是指教育者有目的地创设和利用有意义的情境，对受教育者进行潜移默化的熏陶、感化的方法。

环境熏陶法的最突出特点就是"熏陶"二字，是将教育的因素渗透于受教育者活动的各个空间，随时随地进行"无声的启发引导"，并以长期濡染、潜移默化的方式，使受教育者的思想、行为、心理产生变化。它能有效地弥补其他教育途径和方式受制于时间和空间的不足。环境熏陶法中的"环境"是指受教育者的生活环境、学习环境和人际环境，范围涉及家庭、学校和社会。由于初中生除了在家庭中活动以外，其大部分时间在学校度过，学校环境与他们的成长有密切关系。这里主要从学校环境的角度对环境熏陶法进行探讨。

1. 环境熏陶法的实施方式

环境熏陶法包括物质环境熏陶和精神环境熏陶两种基本方式。

（1）物质环境熏陶。物质环境即物质形态的环境，是指由受教育者所处的地理位置、气候条件、自然景观等所构成的自然环境和由建筑设计、景观设计、宣传物、色彩与布局等所构成的人文环境融合而成的物质情境。

物质环境熏陶是指物质形态的环境对受教育者产生的影响。如校园人文景点，园林化、花园式的校园规划布局，美观、清洁的教室，不仅为学生提供读书、怡情养性的良好空间，而且营造安全文明的学习生活氛围；校训碑刻、名人名言灯箱、名人塑像、名人诗词书法长廊等，在美化校园的同时以暗示的方式传递世界观、人生观、价值观的信息，对学生的思想道德、审美情趣以及心理倾向都能起到导向作用。

（2）精神环境熏陶。精神环境即人文形态的环境，是指校园一切的精神和人文因素，主要包括以校风和班风为体现的制度文化，以培养学生人文素质、科学精神和创新能力为核心的校园文化建设以及以师生关系和学生关系为主要内容的校园人际关系。

精神环境熏陶是指人文形态的环境对受教育者产生的影响。如宽松和谐的师生关系和轻松活泼的课堂气氛，团结活泼的班集体氛围，能激发学生学习的热情，增强学生克服困难的信心；文艺活动如古典诗词朗诵、音乐会等，能使学生在艺术熏陶中提升道德境界，提高审美情趣；课外科技活动，能活跃校园科技氛围，有效引导学生崇尚科学、追求真知、勤奋学习、迎接挑战。

2. 环境熏陶法的实施要点

（1）注意蕴蓄教育资源。环境熏陶法是利用环境的潜在教育资源培育人的方法，教育资源积累是其取得成效的关键。因此，要注意蕴蓄丰富深厚的精神文化内涵，才能为环境熏陶提供不竭的资源，才能产生积极有利而深远的影响。例如，从学校环境来看，校史纪念馆、珍藏的校史资料、优秀校友事迹、校园标志性建筑物等，都是特有而宝贵的教育资源，在对学生进行爱校荣校的传统教育、传承校园精神中具有不可替代的作用，学校应有意识地积累。

（2）发挥物质环境的暗示作用。物质环境是人们生存活动的空间，也是人们精神状态的反映。整洁、文明的环境能使人精神振奋并产生保持的要求；反之，脏乱的环境，会使人逐渐失去遵循良好生活规范的要求。在学校环境中，教室是学生的主要活动场所，教育者要重视布置好教室，使其产生潜移默化的良好影响。

（3）发挥精神环境的激励作用。利用环境对受教育者产生良好影响，还要创设和谐、积极、向上的气氛。和谐的气氛是人际的团结、协作、信任、友好。积极、向上的气氛是相互学习又相互竞争。在学校环境中，教育者要引导学生团结友爱，建设和谐的班集体；要举行读书讨论会、读书讲座等活动，使学生勤学、乐学成风；要通过组织各种竞赛，激励学生相互学习，你追我赶。

（五）网络交流法

网络交流法是指教育者、受教育者之间通过网络进行交流，从而在思想、心理、行为上互相影响、互相促进的方法。

网络交流法是在网络环境中进行交流的方法。由于网络的广泛覆盖和信息交互瞬时实现，网络交流法与传统交流方式相比，从参与交流的对象、时间、方式上都具有更大的自由度。网络交流法因此成为现代人沟通的重要方式。道德教育过程中运用网络交流法，能够有效地拓展教育空间，弥补传统交流方式受制于时间和空间的不足，创造更多的交流机会并获得更为及时的反馈。

道德教育过程中运用网络交流法，可以采用以下方式：

1. 利用平台组织讨论

利用平台组织讨论与传统意义上的讨论非常相似。参与者登录同一网络平台，就能同时自由地发表自己的见解。QQ 群、微信群等网络平台，都能实时连线，参与者可在这些平台上展开专题讨论。

2. 进行网上调查测评

进行网上调查测评近似传统意义上的"调查"，通过设计调查问题让来访者作答，或让来访者留言、发表评论，以获知来访者的情况、想法或建议等。与传统"调查"不同的是，学生直接在网上作答并提交，反馈更加及时。

3. 互相发送电子邮件

通过电子邮箱建立网上联系，常用于一般意义上的互通信息，也是心理咨询常用的一种方式。如学生通过发送邮件向教师咨询学习心理问题。对个别问题，教师回信以个别作答；对学生中的普遍问题，教师可以在网上解答或向全体学生发送公开信。

网络交流中每个参与者都是虚拟的存在，往往具有不可调控的弱点。教育过程运用这一方法，要特别重视网络道德教育和规范网络管理。要增强师生的网络道德意识，要求师生以真实姓名参与交流并真诚袒露自我，确保网络交流信息的真实性；要进行网络交流权限的限制，以真实姓名注册登录，确保每一位参与者要对自己的言论负责。

二、道德教育的内容

（一）规范教育

规范教育，是初中生思想道德教育的基础。规范教育在思想道德教育中有多层含义：①教育初中生有规范意识，学会遵守社会生活中的行为规范；②以行为规范教育为起点，即对初中生进行规范教育要从行为规范教育抓起；③作为规范教育的起点，行为规范教育只进行行为中的规范教育。因此，行为规范教育是要告诉初中生生活中的基础性规范的内容，要遵守规范的要求。

从教育场所说，行为规范教育主要是家庭和学校。教育者的示范作用在初中生中具有非常突出的价值。人的行为需要规范，而人按照规范办事，既需要自我的认知，也需要外在约束，因为某种"强制性"约束是在提醒人们或者是在"强制"人们按照规范办事。行为规范教育，还意味着个人的行为在不违背社会规范的前提下，有自己的规范，即自己要规范自己的行为，自己约束自己的行为。

（二）基本道德规范教育

道德是一种靠人类的良知、舆论维系的行为规范。道德教育是规范教育的基本内容，在道德教育中，要普及基本道德规范。

第一，教会初中生道德规范有公民基本道德规范、家庭美德、职业道德、社会公德等基本内容。要通过有效的途径使初中生知道这些基本规范的内容要求。

第二，教育初中生清楚规范的根据和意义。规范对人有约束作用，对人的行为有限制，但约束和限制都是为了保护人自身不受到伤害，也使自己不去伤害别人。仅仅看到规范的约束作用，看不到约束的保护作用，就不会自觉地去遵守规范。

第三，从遵守学校规章制度入手普及基本道德规范。学校有自己的规范要求，这些规范虽然具有一定的时空性，但也具有社会性。不从现实抓起，就不可能真正接受道德教育，道德教育也不会收到好的效果。

第四，采用灵活多样的教育形式进行基本道德规范教育。要根据初中生的年龄特点和教育背景的实际，有针对性地教育。如引导学生积极参加道德实践，在实践中学习道德，在实践中固化教育成果。

第五，充分利用各种资源。初中生自身有良好的道德教育资源，要在教育过程中发挥初中生的积极因素，让初中生自我教育，这也是一种教育艺术的体现。

（三）中华传统美德教育

道德的历史继承性告诉我们，在道德教育和规范教育中，要汲取中华传统美德精华。

第一，了解传统美德的内容。如注重整体利益、国家利益和民族利益，强调对社会、民族、国家的责任意识和奉献精神；推崇仁爱原则，追求人际和谐；讲究谦敬礼让；倡导言行一致，强调恪守诚信等。

第二，明白继承传统美德在现实中的意义。继承和弘扬中华传统美德是社会主义现代化建设的需要，是加强社会主义道德建设的需要，也是个人健康成长的需要。

第三，继承中华传统美德要注意克服文化复古。一方面要挖掘中华传统美德的内容，另一方面要借鉴古代道德教育的有效方法。

（四）为人处世的基本道理

为人处世的基本道理可以有两种解释：其一是做事的道理，怎样才能把事做好；其二是在做事中的做人的道理，在做事的过程中如何体现人的价值和尊严。在学校的道德教育中，要教育初中生学会用道德规范约束自我，自觉按照道德规范要求办事。同时，道德教育也要教人一些做人的基本道理，让初中生学会为人处世的道理，即就是要学会与人交往，学会与人相处。这是使社会和谐发展的保证，也是一种能力。

第一，初中生要学会与人交往，必须把交往的愿望变成实践，在实践中才能学会与人交往。

第二，学会与人交往的基本道理，就要把握人际交往的基本原则，要学会换位思考，将心比心，使人更全面更客观地处理问题，摆脱自我中心主义的思维方式。

第三，学会为人处世的基本道理，还要把握一些做人的基本原则。如主体独立、自强、理解、尊重、宽容原则等。

第四节　道德教育的途径与特点

在学校里，学生思想道德是在各方面教育影响下、在活动与交往过程中形成的，经过长期、反复，在不断教育和修养过程中逐步提高的，因而，青少年道德教育的途径是多种多样的。

学校是汇聚、选择、传递、保存和创新文化的高级文化体，教育在人的发展中起着主导作用。学校里有各种各样的教育活动，如课堂教学、校园文化熏陶、各种课外活动和团队活动、劳动与社会实践等等，这些都是实施青少年道德教育的有效途径。学校的教育者应当对各种教育活动有意识地加以利用，自觉地将道德教育贯彻和渗透到全部的教育活动和教学工作之中，使学校自身形成一个完整的、系统的青少年道德教育网络，成为一个强有力的实体，呈现出一个生动活泼的道德教育局面，以更好地完成青少年道德教育的任务，实现青少年道德教育的目标。学生道德教育有以下途径：

一、课堂教学

课堂教学是开展学生道德教育最经常、最有效、最基本的途径。学生道德教育贯彻落实到学科课堂教学，主要是指通过各门学科自身特有的科学内容和思想道德内涵来发挥作用。因此，利用课堂教学对学生进行道德教育，应在充分考虑各学科教学的目的、性质、任务、内容的不同情况下，挖掘学科各自科学内容的内在思想教育因素，自然而然地实施对学生进行良好道德教育。

课堂教学在青少年道德教育过程中有两种表现形态：一是显形的即专门课程；二是隐形的即渗透在各门学科教学中，也就是学科德育。

二、班级管理

班级管理是对学生进行道德教育的重要组织形式，班主任是对学生进行道德教育的重要力量。班级是学校教育的基层单位，既是一个教育性的学习集体，又是一个教育性的生活集体。作为学习集体和生活集体的班级，是对学生进行道德教育的最基层单位。

（一）班主任在学生道德教育中的作用

班级德育的教育者主要是班主任，班主任不仅仅是某一学科的学习指导者，更是学生班级工作的管理者和领导者，是学生健康成长的引领者，是沟通家长与社区的重要桥梁。班主任工作的基本任务是按照德智体等方面全面发展的要求，开展班级工作，全面教育、管理、指导学生，使他们成为有理想、有道德、有文化、有纪律、体魄健康的公民。班主任的首要职责是对学生进行道德教育，这是班主任的工作重点。

为培养学生正确的政治方向、科学的世界观和良好的道德品质，班主任要向学生实施具有时代特点和有利于学生多样化发展的教育。班主任在开展道德教育时，应该有这样一种理性的思维，也就是要紧紧围绕"学习认知、学习做事、学习处事、学习和睦"四个基本点，促进学生形成"学会学习、学会做人、学会做事、学会共处"四种能力，着眼学生的未来，激励他们热爱祖国，增强集体主义观念，树立远大理想，培养高尚情操，为学生终身发展和可持续发展打下基础。班主任对学生进行道德教育要注意渗透到班级学习、活动、劳动及生活等方面。

（二）班主任开展道德教育的有效方式方法

班主任工作的内容全面且广泛，班主任在工作中要从实际出发，有的放矢，讲求实效，掌握教育规律，运用科学的工作方法。班主任要有效地开展道德教育，要做到以下方面：

1. 心怀爱心

师生的交往存在着广阔的道德生活领域，师生之间的道德关系发挥着重要的教育职能。透过这种经常的现实关系，学生逐渐理解和掌握人际关系的准则和规范，陶冶着道德的心理和习惯，从而把个体品质纳入社会的道德体系中去。教师在这种道德关系中发挥着指导作用。教师对待学生的行为规范在这种关系中作用尤为重要。而且，它不仅包含着情感的因素，也包含着理智的因素。

热爱学生是教师的天职，是教师职业道德的核心。如果一个教师失去了对学生的热爱和关心，就失去了做好教育工作的前提。教师对学生的巨大感染力常常直接源于对学生的热爱关心。这种热爱和关心，可以开启学生的心灵，消除师生的隔阂和误会，提高学生学习的兴趣，使他倾心于集体生活。

教师尊重和信任学生主要表现在：保护学生的隐私，未经允许，不得查阅学生的日记和信件；给予学生表现自己、实现自身价值的机会；采纳学生提出的合理建议和看法；慎重地评定学生操行；及时弘扬好人好事；严禁使用讽刺、挖苦、辱骂和体罚或变相体罚等粗暴的教育方法，不以个人偏见看待学生，要平等公正对待每一个学生。

教师对学生的爱，既表现出强烈的感情色彩，又表现出清晰的理智性和长远的目的性。

爱与严是密切联系的，爱以严为基础，爱在教育中又离不开严格要求。因此，热爱学生和严格要求学生是一致的、统一的。

2. 全面了解学生

要教育好学生，必须先了解学生，并不断地研究学生；否则，不仅不能做好教育指导工作，还可能挫伤学生的积极性。只有全面了解和研究学生，班主任的工作才能符合实际，对学生进行指导、管理、教育，才能有的放矢，因材施教，才能真正做到工作的针对性和实效性。

了解学生包括个人和集体两方面：了解学生个人，主要包括个人德智体美等方面的发展，学生的兴趣、爱好、特长、品质、性格，学生在家庭生活中的地位和社会交往情况；了解学生集体是在了解学生个人的基础上进行的，主要包括全班学生的年龄、性别、家庭等一般情况；学生德智体等方面发展的全貌，包括一般发展水平和具有特殊才能的学生情况、班风与传统等。班主任要通过日常观察、调查访问和谈话等方式方法去了解和研究学生。

班主任了解和研究学生时要兼顾到各种类型的学生，防止忽视中间生；了解和研究的内容要全面，避免只注意学习表现而忽视品德培养和身心健康的现象。学生和班级是在不断变化和发展之中的，因此，班主任要始终把了解和研究学生作为开展工作的基础。

3. 注重培养班集体

学校正常的教学秩序、学生全面和谐发展都有赖于良好的班集体。良好的班集体对其成员有强大的教育、感化和控制作用。组织和培养良好的班集体既是教育目的，又是教育手段，是班主任工作的中心。

班级是学校把几十个年龄和知识程度相同或相近的学生编成的群体。新组成的班级不能够称为班集体，它只是学生群体。学生群体是班集体形成的基础，班集体则是群体发展的高级阶段。一个健全的班集体，应当具有正确的政治方向，共同的奋斗目标，坚强的班干部队伍带领，公正的集体舆论，自觉的纪律秩序，优良的班风和传统，使全班学生从组织到思想上成为团结友爱的统一体。

4. 善于教育个别学生

班主任除了通过集体教育全班学生外，还应深入细致地做好个别学生的教育工作。个别教育是相对于集体而言的，应该包括优秀的、中等的、后进的等各种类型学生的教育。

（1）优秀生，一般指班级中德智体美各方面发展都较好的学生。优秀生也有某些方面的缺点和不足，也需要班主任给予教育和指导。对优秀生的教育，应一分为二地进行分析。优秀生的优点明显突出，班主任要为他们的发展创造条件。同时，这部分学生自尊好强，有较强的荣誉感，他们在学习和生活中往往一帆风顺，教师和家长常常对他们寄以很高的希望。班主任要帮助他们提高自我评价和自我控制能力，使他们正确看待自己的成就，正确处理同学关系，正确对待学习和班级工作。

（2）中等生，一般指班级中各方面表现处于一般水平的中间状态的学生。这类学生在班级中占大多数，各方面表现一般，往往容易被班主任所忽略。中等生的思想情绪很不稳定，容易受影响。在他们身上，积极因素和消极因素经常处于矛盾斗争之中。积极因素起主动作用时，他们表现就好；反之，表现就差。因而，中等生经常变化起伏，不稳定。如果对他们听之任之，就潜伏着扩大后进生队伍的危险。班主任要密切注意他们的情绪行为变化，要善于把握他们的思想脉搏，抓住其思想矛盾斗争的焦点，引导他们积极学习先进，力争上游，同时要针对他们的具体情况和困难给予不同的帮助，促使他们不断向优秀生转化。中等生也渴望被重视，渴望老师的爱。班主任要关心他们，从不同的角度发现他们的长处，使他们感受到班主任的注意和关心，缩短师生的心理距离。在班级活动中，要鼓励他们积极参与，创造条件让他们展示才能，以增强他们的自信心和自尊心。

（3）后进生，一般是指班级中在某些方面，如学业成绩、思想品德、社会适应性一项或多项落后于全班学生发展水平的学生。这类学生为数不多，但活动能量较大，如果任其发展，他们容易在不良诱因的影响下走向歧途。班主任要坚定不移地做好后进生的转化工作，转化后进生是一件艰巨复杂的工作，需要班主任有一定的耐心和教育艺术。教育后进生时，应特别注意：摸清情况，找出原因；掌握心理特点，调动积极因素；点滴进步，及时表扬；耐心等待，持之以恒。

5. 有效地开展集体主义教育活动

集体主义是社会主义和共产主义道德的基本原则，是学校德育的基本内容之一。对学生的集体主义教育，要随着年龄的增长和知识的积累，逐步提出更高的要求。对中学低年级学生，应在小学教育的基础上，继续教育他们懂得关心集体，为集体做好事，维护集体的利益和荣誉，懂得在集体中团结友爱，互相帮助。学会过民主生活，懂得个人要服从集体，少数服从多数，局部服从整体的道理。随着年龄的增长，应当进一步提高他们的认识，培养自己管理自己的能力。要使他们认识小集体和大集体的关系，要分清友谊和哥们义气的根本区别，学会运用批评与自我批评的思想观念来调节集体成员间的关系；培养学生在集体中自己管理自己和服从集体的能力，以及为集体服务的独立工作能力。

对中学高年级学生要教育他们深刻理解集体主义是共产主义道德的核心，要明确认识班集体、学校集体和整个社会集体的关系，认识个人利益、集体利益和全民利益的关系，自觉地为集体、为人民利益多做贡献，全心全意为人民服务，并同损害集体和人民利益的行为做斗争。

进行集体主义教育，要注意通过集体的实践活动来进行，善于引导他们从关心小集体，逐步扩大到学校、社会和国家的大集体。

班主任在开展集体主义教育活动中，要与学生建立起良好的、平等的、和谐的新型师生关系，与同事建立相互帮助、相互提高、共同进步的互动关系，与学生家长建立起双赢的朋友关系，与社区建立起合作的亲密关系。

三、校园文化

校园文化以呈现形态可分为显性文化与隐形文化两部分。显性文化包括校园的物质环境，如校舍建筑、校园的绿化美化、教学设备的陈设、教学活动场所的布置、校园活动仪式的举行等。隐性文化其实就是心理环境，如校风、班风、人际关系、学校的传统和文化积淀等，这种无形的环境，也是一种极具教育意义的校园文化。因此，校园文化实质上是一种德育隐性课程。通过校园文化对学生进行思想道德熏陶，可以帮助学生在潜移默化中接受道德规范，实现道德成长。

（一）校园建筑的德育价值

学校的教育教学活动总是在一定的物理空间中进行的，如教室、实验室、体育场馆、图书阅览室等，当学生在这些不会"说话"的校园建筑中学习、活动时，也就在不知不觉中接受着道德教育。

个人与环境之间无时无刻不在进行着信息交流。由于这种交流是借助暗示进行的，因而常常不被自觉意识到。正因为如此，每个人才得以建立无意识心理倾向。这种无意识的心理活动，使人能和环境保持平衡。同时，通过这种心理倾向可以激发人的潜力。人与环境的交流，自始至终是有意识和无意识同时并存，并由两者共同构成整体活动。校园建筑的直接作用是为了维持学校各种教育教学活动的开展，与此同时，校园建筑也借助其空间形体，如比例、尺度、节奏、质感、色彩等语言表达其精神意义，对教师和学生进行着暗示教育。

在实践中，一些好的校园建筑不仅以形式美感使师生产生审美愉悦，而且，能够造成一定的情绪氛围，形成环境情结，并以此净化人的心灵，陶冶人的情操。校园建筑是在"润物细无声"中对学生进行着德育。这就要求在设计校园建筑时要充分考虑它的教育价值，让校园建筑真正成为激发个体德育成长的内在潜能。

（二）校园活动仪式的德育价值

在校园里，经常会举行一些活动仪式，如升旗礼、新团（队）员宣誓、重要活动入场式等，这些校园活动仪式既是学校教育的组成部分，其自身也蕴含着十分丰富的德育价值。

1. 社会秩序是活动仪式的精神内核

仪式行为是社会秩序的展演，是社会通过对自身的反省建构人文关系的手段，对社会结构的巩固有着不可缺少的作用。仪式活动也是增强一个群体的社会关系的重要手段，它巩固了群体的规范，给个人的不规范行为提供了道德制裁，为共同体平衡所依赖的共同目的和价值观念提供了基础。仪式活动看起来似乎简单，但却蕴含着一种巨大力量。中国自古以来就很注重通过各种仪式活动达到良好的道德教化功效。这种传统要继续发扬光大，而且要不断赋予新的时代意义，做到与时俱进。

2. 仪式活动要体现真性情

仪式是一种精心设计的人文活动。进行仪式活动时，每个人做什么、说什么都有一套规定。所有的人都必须按特定的程序做特定的事，所有参与者的动作都应密切配合，步调一致。它有时是以一种无声的语言展开，有时则是无声与有声的结合，以此传递某种精神或意义。在仪式活动中，每个细节、每个动作都有其象征意义和价值。仪式活动对环境或场景布置非常讲究，通过营造特定的心理氛围，引导人们产生某种特定的无意识心理倾向。

校园的仪式活动要对参与者发生影响力，从而达到强化行礼者内心的"真性情"的目的。仪式活动还要求所有的人都应做同样的事，尤其强调高度的统一性，这就构成了一种强大的群体压力，引导着人的从众心理，使人们产生非理性化控制的服从。

3. 仪式活动要注重"心动"

仪式是通过具有特定程序的典礼活动，将某一道德精神或观念以一种外显的过程呈现出来，从而达成良好的教化效果。仪式活动作为一种德育方式，是经过长期的历史沉淀凝聚而成的，对人的心灵起着深刻、持久的感染效应，甚至是一种令人"心动"的教育形式，具有深远的教育意义。仪式活动要体现"心动"的德育效能，即使道德精神神圣化，将道德观念外显化，使道德理念习俗化。比如，入党、入团、入队的宣誓仪式，庄严隆重，便是一种以典礼方式将社会规范与信仰向往融合在一起的具体表现。

4. 注重校园仪式活动的构建

校园仪式作为校园文化的一种表现形式，重在对学生的感染熏陶，引导学生的精神生活，凸显校园的人文关怀。因此，校园仪式构建在内容上，要反映学校的独特精神与教育理念。校园仪式是校园人文思想与道德精神的具体化和神圣化。如构建以"关爱精神"为核心的校园文化，就可以设计以"爱"为主题的仪式活动，包括师生之爱，生生之爱，学生对学校之爱等，从而使关爱精神深入人心，进而内化为个体自身的需要。在形式上，要借助音乐、诗歌、散文、表演等艺术手段，激发学生的真实情感，并随着仪式的推进，使学生的情感体验也随之加深，最终达到"忘我"的境界。

（三）校园人际环境

在校园隐形文化中，对学生影响最大的就是校园人际环境。

班级是由教师和一群有着不同文化背景、不同性格、不同气质的学生组合成的集体。每一个学生的学校生活，绝大部分时间是在班级中度过的，因此，班级人际环境是校园人际环境最集中的，是学生获得人际体验和交往能力的源泉，是学生精神成长的摇篮。在一个班级中，学生之间年龄、兴趣、爱好、价值观和行为方式大体相同，交往时往往容易产生共鸣，表现出更平等的关系，具有更大的教育力量。正是在这个意义上，以班级人际关系为核心的班集体建设就成为学校德育的一项重要内容，成为校园人际环境的重要组成部分。

学校生活的每一个方面都充满着深刻的教育意义。学校道德生活的核心内容是师生关系与生生关系，高尚生动的集体生活是培养纯真心灵的摇篮，道德教育必须与关注学生的学校集体生活的精神质量统一起来。要使学校里人与人的接触成为对个人道德内化的最有利的条件，就必须用爱建立起师生之间的平等、信任、互爱关系；培植同伴友谊，形成分担共享关系，建立人与人之间的需要，培养每个人对集体负责的能力。这种体现出友爱、信赖、关心、负责的校园人际关系，就是最有德育价值的校园隐形文化。在这种隐形文化的熏陶下，才会对学生个体的道德发展起激励作用。

（四）校园精神生活

要使学校生活为学生所喜爱，感到快乐、有意义，得到精神的满足、享受，这就需要为学生创设丰富的校园精神生活。通过营造一种美的氛围，让学生在审美体验过程中升华心灵，将功利、浮躁化为一种文化宁静；通过开展艺术节、文化节、科技节，举办诗歌散文朗诵会、音乐作品欣赏会、书画美术作品展等活动，丰富校园精神生活，提升精神生活质量，构建起浓郁的校园文化氛围，使学生从中得到熏陶感染和潜移默化，从而提高其道德素养和情操。

（五）校园学生文化

学生是学校教育的主体，那么，在校园文化建设上，也应该充分关注学生文化。

校园学生文化是学生孕育理想信念的摇篮。对当代学生来说，缺乏同辈交往，缺乏自由时间，是影响道德发展的重要障碍。教育工作者应该充分认识到娱乐生活对每一个人的成长与发展是十分重要的，娱乐是学生生活的价值，回归童年生活的快乐，就要尊重学生文化，尊重学生的权利，创造愉悦的学习生活和人际生活，设身处地地从每一个学生的成长、发展角度出发，帮助他们个人获得自尊，过上安全、积极、友善、向上的集体生活，享受自信，有尊严的学校生活，这正是每一个学生的权利。

德育要实现人的发展，首先，要关注儿童的成长环境，尊重他们的需要，创造与学生的生命形式相一致的令人心动的道德教育新形态。学生的成长是美丽的，学生的发展也是美丽的，与学生成长和发展息息相关的道德教育，也应当是美丽和富有魅力的。尊重学生需要，首先，就要理解学生对道德的认识和对现实生活的真实感受，关注学生现实的生活质量或发展状态；其次，要以一颗宽容、理解的心去面对面地帮助那些充满矛盾、面临失落的学生，让每一个学生享受到阳光的温暖，给每一个在艰难中行走的学生助一臂之力。

四、课外教育活动

课外教育活动与课堂教学活动既密切联系又有明显区别，为实现共同教育目标，它们互相联系、互相促进。但是，课外教育活动在内容上、形式上具有不同于课堂教学的特点，它不是课堂教学的简单延续。各种各样的课外活动，是对学生进行道德教育的有效形式，它在锻炼学生的道德意志，养成良好的道德行为习惯，加深学生的道德观念等主面有着重要的作用。因此，学校必须把德育贯穿到课外活动中去。通过有计划地在课余时间组织学生开展丰富多彩的文体、科技、艺术等活动，包括各类兴趣小组和各种竞赛活动，丰富学生的课余生活，扩展学生的知识视野，在活动中发展兴趣、培养特长，培养学生的良好思想品质、意志性格和生活情趣，全面提高他们的素质。

五、劳动和社会实践

学生的思想道德是在活动和交往中形成的。组织学生参加劳动和各种社会实践活动，使学生在实践中受到教育，是德育的重要途径。因此，学校要有目的地指导学生参加自我服务型的劳动和必要的家务劳动，组织学生参加一定的生产劳动和工艺劳动，组织学生参观访问、社会调查、社会服务等实践活动，使学生开阔眼界、了解社会、增长才干，把理论与实践结合起来，增强辨别是非和自我教育的能力。

教育与生产劳动相结合，就是要培养学生的劳动观点，养成劳动习惯，形成学生热爱劳动，爱护公众财物的品质，这是造就社会主义事业建设者和接班人的重要原则方法。

劳动教育，要让学生深刻了解劳动的伟大意义。劳动是人类社会赖以生存和发展的基础，一切物质上和精神上的宝贵东西都是人类辛勤劳动创造的。劳动是光荣的，也是崇高的，要成为学生的共识。

对学生进行劳动教育，要培养学生热爱劳动的习惯，养成他们艰苦奋斗的作风，这是劳动教育的一个重要方面。劳动习惯的形成是在劳动过程中实现的。经常组织学生参加适当的生产劳动和公益劳动是十分必要的。学生自我服务的劳动活动和学校班级的劳动服务活动，对培养学生劳动习惯有重要作用。爱劳动的人，不能只停留在口头上，必须付诸行动。在培养学生热爱劳动的同时，也应该教育他们珍惜劳动成果，从小培养成勤俭节约的美德。

劳动教育还要教育学生认识公共财物是劳动人民辛勤劳动的成果，热爱劳动就应当爱护和珍惜劳动成果。还应教育学生在劳动中爱护劳动工具，节约原材料，爱护劳动成果。平时应爱护校产和教具，与不爱护公共财物和侵害、损害公共财物的行为做斗争。

对学生进行劳动教育，要注意因地制宜和照顾学生的年龄特征，同时，要特别重视劳动教育与社会实践的相结合，无论是脱离劳动实践的教育还是脱离教育的劳动实践，都无法收到劳动教育的效果。

第二章 网络道德教育及其实践运行

第一节 网络道德教育概述

"在当今飞速发展的网络时代背景下，现有的教学内容和教学环节都顺应时代在产生着极大的变化，要尊重学生的个体差异；同时实现学生的自我发展，老师必须要着眼于学生网络道德教育的现实情况，对网络道德教育的运行机制进行进一步的分析及研究，采取针对性的教学策略和教学手段来实现学生的正面成长和发展。"[①]

一、网络道德概念及特点

（一）网络道德概念

互联网是由人们自愿建立的，每个人都是信息提供者和信息用户。只有和他人在一起，我们每个人的存在才有意义，进而数以百万计的用户和各种网络组织就逐渐形成了社会网络，每个在网络空间活动的人都不是孤立存在的，以网络为媒介，与其他在互联网上活动的人有一定的关系，多个个人相互联系形成一定的集体，多个集体最终组成复杂的社会。一方面，每一个网络用户及组织都有不可推卸的网络社会责任和义务；另一方面，特定的网络用户及网络管理人员也肩负着更多职责。

从网络社会关系的角度来看，人与人之间的关系可以理解为网络道德，人与集体之间的关系也是网络道德，而集体与集体之间的关系也属于网络道德的范畴。网络社会中既存在着个人的道德问题，同时也存在着网络社会、集体等的道德问题。既然人与人、人与社会之间的关系也存在于网络社会，那么在网络中的交流沟通活动，同样也应该遵守网络社会自身的习惯。网络社会生活也就应该具有其自身的道德规范。因此，网络道德也是一种行为规范，其作用主要体现在网络这个虚拟的社会环境中。因此，网络道德就是活动在网络上的个人、组织之间的社会关系和共同利益的反映，是人们在网络空间

---

① 王正坤：《探究中学生网络道德教育的有效运行机制》，《考试周刊》2021年第03期，第16页。

行为所应该遵守的道德准则和规范的总和。

（二）网络道德特点

1. 自主性

在现实的社会生活中，人们迫于社会舆论的压力，通常会尽量避免不道德行为的发生，这种道德行为更多是被动的甚至是被迫的，人们因为受到自身身份、地位及社会关系的约束，其表现出来的道德行为更多的是因他律而发生的，而不是在自律意识的驱使下进行的，这也就缺少了道德行为的自觉性和自主性。相较于现实社会，在网络空间中的人们更加自由，人们由自我决定其主要的网络活动，这体现了网络空间中，网络个体活动的独立性和自主性。

网络社会中，人们自愿建立起各种交往关系，网络中的人们既是网络活动的参与者，又是网络活动的组织者，因此人们必须自己来决定我要做些什么和如何去做，自觉地为自己做主并进行自我管理。在互联网建立的初期，还没有形成相应的道德规范来约束人们的网上行为，网络的舆论和监督也几乎不存在，也就有了一些人为达目的而采取不道德的行为，有些人在网络中欺诈他人，窃取他人隐私，肆意传播不良信息，制造传播计算机病毒等，使得网络空间混乱无序。然而，随着网络的发展和进步，人们逐渐认识到网络的混乱带来的种种危害，为了维护网络社会正常秩序，人们开始自觉地制定网络规范，当网络不道德行为发生时，人们自发地站出来维护网络秩序。因此，网络道德环境的特殊性，要求人们的道德行为要有较高的自觉性。

2. 开放性

网络道德具有开放性的特点。由于现实中的交往与人们的职业、身份、利益等密切相关，因此，道德规范也就受到人们在现实社会中的地位、身份和利益等因素制约，同时，人们的社会关系相对固定，因此，社会道德的标准和环境也比较稳定，社会道德规范具有稳定性与地域性等特点。而网络交往突破了传统交往的限制，扩大了以往固有的交往领域，改变了交往对象、交往方式，跨越了空间的局限。不出家门，不需见面，人们很容易在网络中找到志趣相投的交往对象，不同的文化背景、不同的思维方式、不同的年龄阶段、不同的民族信仰的人们，可以通过交流、阅读等互动方式，增进了解、相互沟通，在不断地交流中，形成了一个相对开放的交流空间，在这个相对开放的空间中，每一种价值观念和文化形态都可以得到展现和发挥。

通过交流与沟通，各自不同的道德意识、观念和行为之间的碰撞与融合也更加频繁，为网络道德发展提供了新的资源和活力。网络使道德规范和标准的形成摆脱了现实社会环境的束缚，它又在一定程度上扩展了网络道德的范围和活动。而随着这种网络社会交往的逐步开放，网络道德也势必朝着更加开放的方向发展。

3. 多元性

相比于现实道德，网络道德呈现出多层次和多元化的发展特点与趋势。现实社会中人与人之间进行交往并且因此而形成了较稳定的人际关系，而在此基础上形成的道德关系因为受到现实空间的限制，其内容只涉及比较单一或相对简单的社会关系。而在网络空间中，人们的交往空间进一步延展开来。不同的价值形态、思想文化背景和道德风俗习惯的人们在网络交往中交流思想、发表观点，网络中落后的、无意义的、违背人性的和反社会的与先进的、顺应时代发展趋势的道德意识及行为并存，它们之间产生更加鲜明的碰撞与融合。使得人们的价值观念和道德规范呈现出多元化的特点，并推动着社会整体价值观念以及人们道德互动方式的更新，也使得人们的道德观念因冲突与融合的频繁发生，而呈现出分层次与多元化的特征。处在相对开放的网络社会中，作为道德主体，人们有权利自由选择自身的道德取向，要常常在各种价值取向的冲突中做出取舍，网络社会就是这样逐渐地发展为真正意义上的价值多元，网络道德也就呈现出多元性的特征。

二、中学生网络道德概念及主要内容

（一）中学生网络道德概念

中学生网络道德的概念除了具有网络道德内涵的普遍性，还有其自身内涵的特殊性，这是于中学生这个群体的特殊性决定的。中学生是指中学就读的学生，年龄在 12～18 岁之间，这是一个身心变化巨大的时期，是一个逐步走向独立与成熟的人生转折期，它包括两个阶段，即少年期和青年初期，相当于学校中的初、高中时期。这一阶段是中学生身心发展的关键时期，其人生观和世界观都在初步形成，具体体现在中学生生理心理上，身体发育逐渐成熟、精力充沛、情感丰富、情绪不稳，好奇心、表现欲和接受能力强；追求另类、逆反心理、想象力丰富等。这一阶段中学生心理还不够成熟，比较固定的生活和学习模式，使他们社会经验不足，易受到不良的诱惑，同时认知水平较低，看待问题还比较肤浅，缺乏应有的审美和辨别是非的能力。这些特点势必影响中学生对发展良莠不齐的网络世界缺乏正确全面的认识，导致网络道德价值观的偏差。因此，中学生网络道德，应该是指中学生在网络行为过程中，经过个体内化而形成的自觉遵守和履行网络道德原则、规范网络道德行为的准则。

（二）中学生网络道德主要内容

结合中学生的实际情况，从社会需求角度出发，中学生网络道德内容主要包括这七个方面：①网络道德意识，即对自身在网络活动中应当遵守的基本行为准则的自觉意识；②网络道德责任感，是指个体对其行为选择应承担责任的认识以及内心的体验；③文明的网络行为习惯，是网络道德意识与责任感的外在表现，即知行合一；④网络道德判断与选择能力，即评价判断、选择以及辨别各种网络信息的能力及自觉选择文明健康的网络行为；⑤平等互助的精神，即尊重他人的观念、生活方式及劳动成果，正确处理与他人的关系，共享资源协同合作的意识；⑥爱国主义、集体主义、社会主义的信念和崇高理想，即在网络中自觉维护国家安全统一和民族团结的神圣使命，正确处理个人与国家和集体的关系，为社会主义而奋斗的远大理想；⑦自律精神，即将外在的社会规范内化为主体的自觉行动。另外，中学生网络道德还包括较清晰的网络道德认知、较好的信息判断和辨识能力、坚定的网络道德意志和正确的网络道德行为。

第二节　网络道德教育的内容体系

一、初中生网络道德教育对象

（一）网络道德主体的范围

虽然网络社会并不是一个完全脱离于现实社会生活的孤立社会，但电子空间还是有别于物理空间。所以简单地将传统现实社会的道德运行模式硬性套用到网络空间是不合适的，可能也行不通。我们认为，应结合网络技术的特点重新构造适应于这一虚拟的生存环境中的新的运行机制，这一构造的首要且核心问题便涉及网络道德主体的确定。

所谓网络道德主体，就是在使用、建设和管理互联网的过程中，既具有一定道德需求，又享受一定道德权利，同时必须承担相应道德义务的个人或组织。具体可划分为以下三类：

1. 网络使用者

网络使用者指的是有意识、有目的、主动地进入网络，为实现某种需要而使用网络的当事人，即我们通常所说的网民，我们理解的网民，即网络使用者，应当是有进入网络的行为，无论是否取得合法身份，也无论上网时间长短，均为网民，或者网络使用者，这样的理解，尽管从范围上看是宽泛一些，但从确切地把握概念本身来看，是必要的。

这类网络主体的特点有以下三点：

（1）广泛性。网络技术属于现代科技发展的成果，最初使用网络的人是具有一定文化层次和技术水准的群体，而随着网络技术的普及，网络使用者的群体也逐步扩展到普通民众中，不分年龄、性别、职业、民族、种族等，都可以利用网络来实现自己的某种要求，享受网络带来的现代生活方式。

（2）角色转换频繁。进入网络，并在网络空间活动，这一期间的人被称为网络使用者，他们一旦离开网络空间，又成为现实生活中人。网络使用者就在这种虚拟与现实、电子空间与物理空间中频繁地变换角色。从中可以看到：第一，网络主体角色的频繁变化，使现实社会中的传统规范与网络道德对网络主体产生着交叉作用与影响，传统现实社会中的道德起主导型作用，主体必将依此约束网络行为，但网络道德也能起到支配性作用，反过来冲击传统道德的影响，弱化传统道德的作用。如果网络道德原则与传统道德相一致，则相得益彰；如果互相冲突、矛盾，就会产生截然不同的后果。第二，在网络道德建设中，不能忽视传统道德的重要作用，在对网络使用者进行网络道德教育时，也要加强传统道德教育，将两者有机结合，力求使两者的基本内容协调一致，对理论上、观念上和认识上的区别能做出令人信服的解释。

（3）环境反差大。网络使用者在网络中可以为所欲为，不受约束；而在现实生活中，人们必须找准自己的位置，遵循现实中的游戏规则，一旦超越雷池，将会产生意想不到的结果。

网络使用者是网络道德关系最重要的主体，也是行使道德权利、履行道德义务最基本的主体，这类主体的道德状况决定着网络社会的道德秩序好坏。所以，今天初中生网络道德教育的对象明天就可能成为全社会网络道德主体范围中的一部分，鉴于此，对网络道德主体范围全面地界定有助于进一步明确初中生网络道德教育的对象。

2. 网络经营服务者

网络经营服务者具体包括网络软件和硬件的产品制造者；发布信息、提供链接、创造其他服务条件的网络站点，为上网提供场所、设备、线路的服务者。就产品提供者而言，能为网络使用者和网络运行提供服务产品的主体即属此类，他们提供的产品包括：环境安全产品、设备安全产品、媒体安全产品、运行安全产品、信息安全产品。

网络经营服务者何以被视为网络主体，原因在于以下三点：

（1）网络经营服务者为网络社会的形成创造了基础性条件，没有他们积极地进行技术上的发明创造和实际应用中的开拓进取，就难以使网络普及得如此之快。

（2）网络经营服务者也是密切关注网络应用，并经常上网查阅各类信息的网络使用者。因为不注意服务信息，他们就极易在网络服务的竞争中处于被动，尽管这种上网有直接的商业目的，但还是具备一般网络使用者的特征。

（3）网络经营服务者对网络的发展具有直接责任，包括网络道德法律规范的确立、网络行为的监控、删除不良信息和新信息的取舍等，所以，此类主体在网络道德建设和规范管理中负有更多的责任。

3. 网络管理者

网络管理者指那些负有专门职能和相关管理义务的机关、团体、社会组织等，主要包括国家职能机关、国际组织、行业协会等。

（1）国家职能机关，指制定法律法规的行政管理机关、司法机关等。制定法律法规的机关负责就计算机网络的正当使用和规范管理制定强制性的行为规则；行政管理机关负责对网络的监管，如有违反法律法规的行为，有义务和责任进行依法管理，并制止不当行为，进行行政处罚等；司法机关对网络违法犯罪者实施司法处分权，制裁违法犯罪者，维护网络秩序。国家职能机关的活动，为网络道德建设创造基础性条件，国家法律法规的出台，为网络道德建设确定基本的评价标准，也可弥补网络道德对人们行为调整不足的缺陷。

（2）国际组织，指与计算机网络管理和应用有关的国际组织。这些组织的活动对各国的网络应用与管理虽没有强制性的约束，但其所倡导的代表网络发展方向的理念和精神，对各国的影响是不容忽视的。

（3）行业协会，指非官方的、民间自发形成的行业组织，如与计算机开发、应用有关的协会，与网络普及、管理有关的协会，这些协会所倡导的网络行为规范，有些属于网络道德原则、道德规范，有些经过了实践的检验和总结提炼，可以逐渐上升为网络道德原则和规范。行业协会的活动，有些内容与网络道德建设要求相一致，可以为网络道德建设提供借鉴和参考。

（二）网络道德主体的权利、义务

1. 网络道德主体的基本权利

道德权利是行为人主体在日常生活中履行道德责任和义务时应当享受的权利。这种权利通常与其他权利结合在一起，有的可以通过法律的形式加以保障，但它们在内容上又存在其特殊性。

道德权利同其他经济、政治和法律等权利相比，其突出的特点是：它并不直接体现为物质和人身安全上的得失，而是一种精神情感上的荣辱得失。这种道德权利主要为被认可权、受尊重权、被鼓励和褒奖的权利等。因此，道德权利是一种无形的软权利，往往容易被人忽视，甚至不被理解。但在每个人的精神追求中，却不难感受这种权利的重要性和意义。

网络道德主体的权利主要有以下五类：

（1）通信权。网络道德主体具有获取信息的权利，自己拥有和授权其知识产权的权利，无论获得信息还是出版相关信息都只在有损知识产权时受到必要限制。

（2）访问权。公开访问被许可的信息的权利，这种权利只在侵犯到他人隐私的情况下受到限制。

（3）管理的权利。作为父母或监护人，有权利使子女在有效的监控下获取信息；作为论坛的管理员，有权利要求大家遵守论坛相关言论规定，不得逾越论坛规定的道德底线；作为职能机关、部门、组织，有在实现网络使用者合法权利的前提下，进行监管、约束和调控的权利。

（4）隐私权。隐私权包括拒绝暴露自己发出或接收信息的原始内容和状态；拒绝他人以任何形式对自己的信息进行加密、解密或者变形；拒绝暴露发送信息初始者的个人基本情况；只能在征得他人允许的情况下对他人收取信息进行监督。

（5）其他权利。在不违背社会公德的情况下，个人有选择自己道德行为的自由权利；有维护个人道德尊严和社会地位及荣誉的权利；保持个人隐私的权利；在履行自己道德义务时尊重他人权利的行使，从而维持网络社会秩序的权利等。这些权利其实是个体在一定社会关系中的基本现实利益需要，也是作为一个现代独立个人的基本权益。

2. 网络道德主体的道德义务

（1）在充分行使权利的同时，要自觉遵守法律和道德规范，尊重他人的正当权益。网络使用者在网络中享有了广泛的权利，比如，利用网络进行信息传递和交流，网上购物、交友，网络游戏等，也正是因为网络赋予了使用者如此广泛的权利，才吸引众多的人介入网络，利用网络，也才使得网络的普及如此之快。当然，我们在理解网络主体的权利时，应当认为这不是一种绝对的权利，是相对的权利，即权利的行使不是无限制，毫无约束和为所欲为的。在自己行使权利时，不应妨碍他人对权利的行使，即要尊重他人权利的实现，而为迎合他人放弃自己本应行使的正当权利，则同样也是不提倡的。权利与义务是统一的，在充分行使自己权利的同时，自觉遵守法律道德规范，不妨碍他人对权利的行使。

尊重他人权利的实现，对网络使用者而言，既是法律义务，也是道德义务；妨碍他人行使权利，不仅违背道德义务，且往往表现为法律义务的违背，比如，进入他人的电脑系统、窃取他人信息、披露他人的隐私、攻击他人的计算机和传播计算机病毒等，诸如此类的行为不仅要受到道德上的谴责，还应承担相应的法律责任。

（2）约束自己的言行，保证行为的积极健康，与人类的文明进步相一致。在不干预、不影响他人行使权利的前提下，也应保证自己行使权利时的道德可行性，即要符合网络道德原则和行为规范，能被道德评价所认可。

在网络活动中，由于受到海量信息的诱惑，而网络使用者辨别是非的能力不同，以及各自的兴趣、爱好等不同，就会表现为受到不同的影响，进而采取不同的行为。网络主体应自觉地树立道德责任感，坚持真善美，追求高尚的道德情操，摒弃那些与人类道德追求相悖的思想与行为。

当然，对人类行为的道德评判标准可能各有各的解读，尚难统一。每个人的想法不同，看待事物的角度不同，之所以会出现认识上的不同，其原因主要是认知能力和人生阅历不同导致的，也可能是意识形态的选择不同产生的，尽管如此，绝大多数的是非善恶标准是趋于一致的，都会做出正确的行为选择。

（3）树立社会责任感，敢于同网络不良行为做斗争。网络行为由网络使用者决定，网络秩序的好坏取决于每一个网络主体，所以，每一个网络使用者都应是良好网络秩序的维护者，而不应是破坏者。当然，这只是一种理想状态，事实不完全如此。假若如此，网络社会的行为失范现象就不会如此严重，网络道德教育也就不会如此引人关注。

面对网络中存在的问题，种种不规范、不道德行为，比如通过人肉搜索侵犯他人隐私、危害公共信息安全、发布虚假信息进行欺诈、制造信息污染等，其他网络主体是采取不闻不问、漠然视之的态度，还是是非分明、态度坚决地反对、制止和斗争呢？显然应当肯定后者，褒奖后者。在众生云集的网络社会，不履行道德义务几乎没人监督，履行道德义务也好像没人注意或及时肯定，尽管如此，随着社会精神文明建设的加强和道德水平的提升，会有越来越多的网民自觉履行这一义务。

道德上的权利和义务并没有严格的界限，在现实生活中，网络主体的权利、义务又是非常具体的。网络主体既要反对单纯的道德权利主义，又要反对单纯的道德义务主义。单纯的道德权利主义指只愿享受网络为自己提供的便利，希望极大限度地获得他人的帮助，但却不愿意帮助别人，对自己讲义务少，甚至不讲义务；对他人则讲权利少，讲义务多。单纯的道德义务主义则把帮助别人作为自己应尽的义务，且无怨无悔，而对于自己应当享有的权利，却认为是不道德的。对于上述两种倾向，均应予以反对，我们应该坚持道德权利和义务的统一。

二、初中生网络道德教育目标

"道德是一种社会意识形成，是人类社会在共同生活中形成的对社会成员起约束和团结作用的准则。德育是道德教育的简称，即对学生进行政治、思想、道德和心理品质教育。网络道德教育，是指在局域网或广域网上开展一系列德育活动。"[1] 网络联通世界，也使得人类从此获得了前所未有的自由和权利，同时也要求人类承担起更大的社会或全球责任。虽然各国的政治、文化、教育制度等存在诸多差异甚至是对立的情形，但正确地把握网络带来的自由，并承担自己的网络行为责任，应是我们目前推动初中生网络道德教育的基本要求。

（一）基本目标：网上与网下自我的统一

现代社会，网络与现实是两个并行发展的世界，有的人在网下是一种循规蹈矩的人格品质，可到了网上，就是完全不同的另一种行为方式。比如，活跃在 BBS 上的"斑竹"，在现实生活中，可能是一个沉默少言的人。用人格分裂来形容这种现象也许太过严重，

---

① 陈丽：《青少年网络道德教育现状及应对策略》，《成功（教育）》2008 年第 04 期，第 142 页。

但是，网络确实能让人性格中的一个小小特质放大很多倍。而在缺乏监督的情况下，被放大的往往是消极的方面，从而使我们看到，网上行为缺乏诚信、道德沦丧。所以，要形成良好的网络道德风尚，就要教育初中生做到网上自我与网下自我的统一，要使初中生在网上也遵守现实世界中的道德操守和行为规范，谦恭有礼、讲究诚信，这是构建网络道德的基础。因为网络道德的存在和发展都不可能脱离现实道德，一旦脱离了，网络道德就成了无源之水、无本之木。而且，如果实现了初中生网民在网上和网下自我的统一，初中生就会将现实中形成的较高的道德修养移植到网上，这对网络道德的建设势必起到事半功倍的效果。

（二）最终目标：具备慎独这一道德品质

慎独是中华民族传统道德领域中的美德，意思是在没有外人监督和舆论压力的情况下，个人也能自觉遵守道德行为准则，对自己的良心负责。这在现实生活中，人们也许不难做到，因为整个社会有着制度和舆论的约束，强调诚实守信等优良的个人道德素养，也只有按照规则做事的人才能得到社会的认同，并获得发展的机会。但在网络世界则不然，因为目前网络社会的发展还很不成熟，尚未形成一套完善的行为规则，就更不用说良好的诚信氛围了。个体的网上行为现在还处于监管不到位的状态，导致那些诚信缺失的人有了可乘之机。所以，初中生如果能形成慎独的道德品质，他们就不会是网络社会不文明现象的制造者，而是能够自我约束，在面对各种诱惑时能不为所动，有强烈的责任感，并表现出较高的道德素养，且可以影响和带动其他网民逐渐形成高尚的道德品质。

（三）理想目标：促进现实道德水平的提升

在互联网这个虚拟的社会中，初中生如果在缺乏行为规范约束、社会舆论压力的状态下仍然能够自律、自重、信守承诺，遵守正确的信息伦理准则，具有道德判断和选择能力，有着良好的道德观念、道德情感、道德意志和道德行为，让美德深入内心成为不言而喻的习惯，那么现实生活中初中生的道德水平必将得到提升。这是我们开展网络道德教育希望达到的理想目标，也是三个目标中难度最高的。

三、初中生网络道德教育的任务

（一）初中生网络道德教育的根本任务

道德的价值在于帮助人们追求美好生活，道德教育的根本任务则是教会人们做人，即告诉人们应该如何生存且如何度过自己的人生。所以，道德教育是为着人的自我发展需要，我们不能单纯地将其看作是社会发展的工具。初中生道德发展是在道德教育等外在的影响下，凭借自身努力和智慧而达到道德自觉的过程，因为主体个人的自主性和参与性才是自我道德发展的前提。

学校网络道德教育必须走出知识性的泥沼，回归生活世界，因为一个人的德行修养，主要是其在长期的社会生活实践中，通过解决一系列的道德冲突而形成的，所以，初中生道德教育应以个体的社会生活实践为切入点，回归生活世界，真正帮助初中生解决现实生活中的困惑，帮助其理解生活的目的、价值和意义，并引导他们在个体实践中形成完整的精神生活。只有经过实践体验认同的东西才能激发内在的道德需要和社会责任感的生成。

因此，学校必须明确初中生网络道德教育研究的根本任务有以下三个方面：

1. 树立初中生的网络道德意识

网络道德意识是网络道德认知、情感和网络道德意志相统一的一个多层次的心理活动体系。网络道德认知即是人们对于网上行为善恶、是非及正义与否的价值判断，还包括对人们各种网络道德观的评析等。网络道德情感则是在一定的网络道德认知基础上形成的内心体验，比如，对人们网络言行产生的愉悦感或反感、敬仰或鄙视等心理感受。网络道德意志包括个人的网络道德自律和自主自觉等，它表现为人们可以在网络行为中进行自我调节和控制情感的冲动，杜绝受到网络不良现象的负面影响和诱惑。因此，学校要强化初中生在网上的诚信意识、社会公德责任意识和自律意识等。

2. 提高初中生的网络道德判断和选择能力

初中生心理成长尚未完全发育，同时，由于社会阅历少等制约，使其在面对网上多元价值观冲突，大量真假难辨的信息时，容易意气用事，情感冲动而丧失基本的道德判断力，难以抗拒各种不良因素的诱惑。如果没有人对初中生进行相应的指导和帮助，他们往往难以在个人的认知水平上做出正确的判断和选择。当前初中生在使用网络作为其学习工具时，面临的最大困惑便是大量的有用和无用信息混杂，让其无所适从，难以选择真实有效的信息进行正常的学习。同时，在上网过程中极易受到各种新鲜刺激信息的干扰，又常常难以抵御其诱惑。因此，初中生网络道德教育不仅仅是要求他们记诵几条网络道德原则、规范等律令，而是真正教会初中生在独自面对纷繁复杂的网络环境时，能够加强他们的道德判断和选择能力，从而更好地保护自己在网络世界的正当权益。

3. 引导初中生形成良好的网络道德行为习惯

初中生网络道德教育的最终归宿和落脚应是通过大量的引导和培养，将正确的网络道德规范和道德意识植入初中生心灵，内化为践行的动力，从而真正地把观念转变成行为，达到导之以行的根本目的。然而，许多初中生尚未形成一定的、正确的网络道德价值观和意识，因此更谈不上将其转化为自觉的行为。所以，加强和深入初中生网络道德教育，首先，要使初中生在意识上形成正确的网络道德观念；其次，提高其网络道德判断和选择能力；最后，引导他们养成良好而高尚的网络道德行为习惯，让其在无人监守的情况下保持慎独自律，自觉约束网上言行，同时坚决抵制和批判其他网民的网络不道德行为。

（二）初中生网络道德教育对中华传统道德的传承

时代虽然在不断前进，网络将世界联成一体，全球范围内的交往日益频繁，但作为中国的初中生，源自中华民族的儒家传统思想至今应仍然是我们社会生活中的不懈道德价值追求。儒家思想中的部分内容早已深入人心，圣贤们在遥远时代中对于美好人际关系和政治理想的呼唤及诉求，都寄托了中国人对和谐理想社会的始终如一的追求。在开展初中生网络道德教育时，我们必须追寻中华民族道德文化的精魂，结合时代要求，借鉴儒家传统思想中的有益成分。

1. 修身成人的理想人格追求

我国传统的儒家思想中一个核心的部分就是重视修身，修身的目的不仅在于完善自己，更在于治理社会。儒家的崇高理想是治国、平天下。但是，为了达到这样一个良好的社会秩序，应当先从完善自身开始，儒家有内圣外王的理想人格诉求，这一思想源于孔孟，这里便有君子、豪杰、圣贤三个不同层次的人生范型。

豪杰是一种英雄气象的人格，尚义、特立独行、刚毅正气，使其具有了济世利民的品行。圣人则是儒家至善至美人格的最高境界，中国历史上被尊为圣人的仅有尧舜、孔子等，不足十人。所以，豪杰与圣人对一般人而言，是较高的范型标准，那么在日常生活中，我们应提倡中学生对君子人格的崇尚，君子立于礼，注重内在修养。

2. 人伦互动的和谐社会理想追求

关于人际关系的理论，也是儒家学说中的一项重要内容。在处理人与人的关系中，人伦互动是儒家思想的一个亮点，它出色地完成了人与人之间关系的平衡与协调，达到了和谐一致的理想要求。儒家体系把人类看成是一种群的存在，而个人是一种关系的存在。关系只有在群中，才能真正认识和理解人的本质特性。在个人与群体的关系上，儒家强调群体对个人的制约；在人与己的关系上，他们主张人们要推己及人、换位思考，这些观点虽然带有封建社会的烙印，但也包含了一些对人类生存具有普遍指导意义的价值，可以为中学生在新时期和新的网络空间中建立新型人际关系提供某些启示。

四、初中生网络道德的原则及意义

"青少年网络道德教育作为一个新问题突出地摆在了人们的面前，探讨和研究青少年网络道德教育已成为当务之急。揭示青少年网络道德教育的现实情况，展望其未来发展也具有重要的现实意义和理论意义。"[1]

---

① 杨秀明：《青少年网络道德教育研究》，燕山大学，2009年。

（一）初中生网络道德的基本原则

网络社会是人们的另一生存空间，在这里，主体的活动方式因数字化而表现出了非人性的特征，所以，其道德的运行方式、评价机制等，都与现实社会有一定的区别，因此，我们须以其特殊性为基础来寻求一些新的伦理原则。学校在制定初中生网络道德的基本原则时，应该有较高的标准。

1. 爱国原则

在许多网民看来，网络是无边界、无国界的，提出爱国这样的道德要求，好像与网络的特征不相符，网络联通世界，如今的世界已然变成了一个地球村，全世界的人们都是这个村的村民。在这里就没有必要强调国的概念了，既然没有国，更不需要爱国。这种想法是极其幼稚和错误的，正因为有部分初中生具有上述不正确的想法，我们才要将爱国作为网络道德的基本原则中的第一条来加以强调，这绝不是对我们现实物理空间中提到的爱国主义的简单重复，而是出于维护网上国家利益的需要而提出的初中生网络道德原则中重要的规范。

（1）爱国原则是人的本质属性决定的。我们不能否认的事实是每个网民都有自己固定的国籍，是有国别之分的。就像科学没有国界，但科学家有国别一样。从技术的角度讲，你在世界的任何地方，只要能连接上网络，就可以和任何国别、民族的人进行交流，好像的确没有国家的限制，但这只是改变了人们的交往方式，不能因为这种改造而否定了人的本质属性。所以网络的全球化并不能否定原有国家利益的存在，相反更突出了国家利益的重要。

（2）爱国原则是网络技术本身的需要。网络去中心化和分散性特点就决定了它应该保留各个不同民族和国家的多样性存在，而非统一的模式。因此，如何实现信息社会发展中的民族特色和本土化就成为了我们抵制他国文化信息殖民和霸权的急切任务。所以说，在网络空间强调爱国的原则有着十分重要的现实意义。

2. 守法原则

守法原则是维护网络社会秩序必然而基本的要求。网络社会中的言行因为更突显其自由和随意，所以才有人将其称为真正民主平等的世界，但网络两端交往的主体仍然是现实中的个人，如果不对这个社会加以明确的规范调节，生活必然陷入一片混乱。虽然法律与道德是不同的，且对人们的行为有着不同的制约机制，但法律在事实上也是一些道德规范的强制性要求，所以网络法律法规的出现是明确地告知人们什么可以做和什么该做，而什么又是禁止的。因而，它对人们的网络言行可以起到令行禁止的指导及规范作用。当然，守法原则不局限于网络法规，还包括现实生活中推行的法律的有关基本原则，网络再如何特殊，它也没有脱离现实社会而存在，因此，网络中的种种现象和问题都只是现实社会真实利益和需求的反映。

3. 无害原则

无害应是道德上的最低标准和原则，指的是人们在网络上的所作所为应当最大限度地避免伤害他人。因为网络传播速度的快捷和其影响范围较大等特点，网民在网络中的不道德行为会在短时间内迅速扩散，有时不仅对当事人造成巨大伤害，更是波及更多的行为主体受到不良影响。所以无害理应成为网络道德的一个基本原则。有些不道德行为的实施者喜欢用自己行为动机的无害为自己辩护，但动机的无害性不能直接产生无害的结果。所以，在今天人们更加注重结果而非过程的价值倾向影响下，行为结果是否有害，才是我们判别是否合乎道德的基本标准。

另外，根据功利主义的理论，生活中没有也不存在无义务的权利，任何人的权利都是现实且要有偿获得的，那么意味着任何人都不是在孤立地行使自己的权利，只能在各权利主体之间的相互协商中求得。所以，只有每一主体都遵循无害原则，才能保证网络社会的秩序。

4. 友善原则

友善是在无害原则基础上的提升要求，既是人们个体道德品质升华的趋势，又是人们群体向善的合理需求。首先，应保证每个网络用户充分享有平等的权利和义务，这是人们得以友善共处的基本前提，因为人天生是平等自由的，没有高低贵贱之分，所以每个人的权利都应得到尊重；其次，要求互惠互利，双赢共存，这是我们现实生活中非常普遍的一个原则，叫作来而不往非礼也，所以推而广之，也一样非常适用于网络社会；最后，就是避免不必要的纠纷，中国人都喜欢息事宁人，主张大事化小小事化了。网络社会中由于存在不在场的交流，且这种交流是以数字化的形式体现，因为缺乏面对面交往的直观体验，有时会造成无谓的纷争及误会，甚至产生攻击性的行为。所以，友善就要求尽力避免无谓的纷争，进而也减少了不必要的伤害。

5. 自主原则

自主原则的内涵是网络行为主体在不伤害他人的前提下，可以自由自主地选择自己的活动方式，同时也要求对他人的这种自由给予尊重。具体表现在以下两方面：

（1）网络行为主体要对自己的行为后果主动承担道德上的责任。所以，我们认为理性的道德主体必然会在合理正当的前提下来追求，并享受自己应有的自由。

（2）隐私必须受到足够的保护和尊重，因为它是道德主体自主能力的一个重要组成部分，所以，自主原则实质是要求有自主能力的人理性做出自己道德的选择，并勇于对该选择承担相应的责任，这既是个人行为的一种社会限度，又符合理性人的本质属性的内在要求。

6. 自律原则

自律一方面更强调对个人自由的尊重与关切；另一方面又要求适当地控制个人欲望，以保持对自我的驾驭。网络中的生活是自由的生活，即由自我自主地建构自身的生活，这里有对个人自由极充分的尊重与满足，但它不意味着个人权利的无限膨胀与滥用，这个自由是有限度的，即不得妨碍他人的自由。在网络社会中，人们强调对自我的关切，并通过个人的独立创造达到自我价值的实现；但同时，在网络的实践活动中，自我又要不断反思，对自我及他人行为的正当与否做出价值判断，从而以保持对自我的驾驭。

7. 公正原则

网络的无权威性似乎使得无偏见的公正有了真实的可能，但这种公正依然是一种理想。每个人都期望自己能平等地享有与比自己社会地位高的人同样的权利并被平等地对待，网络还是为这种公正实现了技术上一视同仁的可能，所以公正原则是网络道德的一项基本原则。

人人都在寻求最大意义上的公正，这既是起码的要求，同时又是具有普遍适用性，社会最低限度的正义。当然，公正首先要保证每一个体基本的平等，也即人人机会均等，然后才是限制社会实际上的不平等现象，那么这种限制就要以社会地位最不利的人的利益为基点，在此基础上进行合理限制。网络虽然是一个极大开放的空间，也为我们提供了自由平等的待遇，但要实现真正的公正还必须使它能够面向更大的群体，同时使得弱势群体掌握更多的自主权。因而我们在制定网络道德原则时，就应当给予相对落后和弱势的群体以更多考虑。作为网络道德的一种导向，完全公正虽然还只是一种理想，但不妨碍我们将其作为一条基本原则来进行要求，只有这样才能最大限度地实现正义。

8. 知情同意原则

任何一个公正有序的社会，其道德规范能够得以实行，都必须在大多数成员充分了解自己的权利跟义务，认识到自己行为所致后果的前提下达成共识，也就是说，道德的公正性要在全体成员的尽可能多的参与下完成和体现，这才能使得每一社会成员的权利得到充分肯定和尊重，让社会总体决策得到全体相关个人尽可能充分地知晓，并愿意承担可能存在的潜在风险。在此知情同意的基础上才能建立一个稳定和井然有序的社会。由此可见，网络社会同样不能例外。

（二）初中生网络道德基本原则的意义

网络伦理是应用伦理学的一个分支，网络道德也是社会道德的一部分，因此，社会道德规范建立的某些方面同样适用于建立网络道德。同时，网络是科技发展的时代性标志，它创造了一个全新的社会领域，因此，确立网络道德基本原则又具有特殊的意义。

1. 有利于维护网络主体的权益

网络社会与现实社会一样，是由众多的主体构成，每个主体都有自己的利益追求，在网络活动中，都想获得某种利益，满足某种需求。当然，这种要求有正当合法的，也有不正当的，甚至是非法的要求。对于绝大多数主体而言，其要求是正当的。良好的网络秩序是实现正当权益的前提。网络秩序主要靠技术规范、法律规范和道德规范来维系。如果一个人要通过网络查询重要的资料，但却由于计算机病毒使得机器操作不能正常进行，或者在上网的过程中，受到其他主体的干扰，甚至所查询的资料附带有不健康内容，都会使自己的身心受到伤害，则正当合理的需求无法实现。只有良好的网络秩序，才能使网络主体的权益得到充分实现，而网络秩序的维护，离不开网络道德行为准则。

2. 有利于保证网络信息的安全

网络安全涉及国家、社会的重大利益，维护网络安全是一项特别重要的任务。危害网络安全，实施针对网络或与网络有关的违法犯罪，该主体首先是突破了道德防线，因此要维护网络安全，加强法治建设十分重要，但仅仅依靠法治显然不够，那么，加强网络道德建设，确立网络道德原则就不能忽视。

在网络技术得到广泛应用的同时，网络上的民事侵权和刑事案件也不断增加。司法机关必须投入大量的人力、物力去进行调查，认定事实，打击违法犯罪行为。在同违法犯罪行为进行斗争，维护网络安全时，不得不注意这样一个问题：从事违法犯罪的行为人，首先突破了道德底线，然后危害社会；或者首先违背了道德规范，然后再违反法律规范。现阶段的道德规范和法律规范的目标具有一致性，两者一般不发生矛盾和冲突。对一个网络主体而言，如果具有良好的道德素养，就不会违反法律规范，危害社会。为了维护网络安全，各国都在不断地加强立法，制定有关法律、法规和规章，但是要使网络社会井然有序，实现长久的网络安全，杜绝和减少违法犯罪行为，法律的作用是治标不治本的。所以应该倡导网络道德原则，并引导人们去遵守这些规范，网络社会也应提倡依法治网和以德治网的结合。

3. 有利于形成有序的网络秩序

网络社会秩序与每一个网络主体的切身利益都密切相关，良好的秩序必然使每个主体从中受益，那么不良的秩序也将使某些主体的利益受损。稳定和谐的网络秩序的形成，有多种因素影响，比如，政治、经济、文化、法律、道德等，不是由单一因素决定的，确立网络道德原则，规范主体的网络行为，对形成良好的网络秩序意义重大。

网络活动中的人们，其行为方式在很多时候与现实社会中人们的活动方式是不相同的，但不管怎样，网络社会活动都有每一个体特定的行为表现。其行为有序还是无序，决定着整个网络社会的秩序状况。对于网络主体的行为评价，有的可能并不违法，但却可能不道德；有的即使在一定程度上违法，但由于虚拟主体的复杂性，以及对网上违法行为的调查、取证的艰巨性，往往很难追究其法律责任。因而网络主体对自己行为的道德评价，就对其行为具有支配作用，这是极其重要的，所以十分有必要加强网络主体的道德教育。这项教育工作的最首要、最基本的问题，就是确立网上道德原则和行为规范，且能为网络主体所认可、接受，并自觉遵循。

4. 有利于培养网络的新型人才

网络技术普及的范围越来越广，网络社会成员的扩展和增容速度越来越快，因而对人们生活的影响也越来越大。从年龄、性别、职业、种族等各个方面来考察网络主体，显得越来越复杂，如果说网络社会形成之初，传统社会的道德规范起支配作用的话，那么随着网络社会成员的扩增，传统的道德规范影响力则越来越弱化，时代呼唤独具特色的网络道德教育对网民产生影响。因此，网络道德将在网络环境中不断冲击传统道德，成为主宰和支配网络领域的道德，在这种趋势下，确立网络道德原则对人们的影响是可想而知的，因此，尽快形成高尚的、代表人类文明和进步的网络道德原则和规范，加强网络道德建设，有利于培养网络新人，促进全社会、全人类的更新发展。

五、初中生网络道德教育的内容

（一）网络道德教育的基本内容

我们要让初中生们志存高远，胸襟开阔，以德修身，自觉维护并遵守网络社会的道德规则。在实践中，从知、情、意、信的心理需求转化为行动上的对真、善、美的不懈追求，应改变过于陈旧的，与时代脱节的东西，从理论的内涵和外延上进一步深入和拓展。

初中生网络道德教育应以现实社会道德为基础，重点关注以下方面的问题：

1. 平等观教育

现代初中生在追求平等的同时，却往往又不自觉地陷入不平等的歧视当中。一些学生在追求自己希望得到的利益时，就要求老师给予平等的机会；而当别人也在追求与自己同样的利益时，就希望不要给予其平等的机会，而只把这个机会留给自己。实质上，这还是以自我为中心的一种表现。因此，确立平等意识和平等待人的行为准则非常重要。初中生在网络社会中要求别人遵守秩序的同时，自己也要以身作则，这才是真正的平等，所以，平等意识教育既是市场经济发展的基本需要，也是网络道德价值的基本内涵之一。

2. 责任意识教育

责任亦是一种基础的道德品质，指人们应对自己特定的社会角色承担必要的义务。网络社会中，尽管个人可以频繁地变换角色，但作为一个主体，始终需要承担一定的道德责任。责任意识既是人成长和发展的动力，也为个体融入社会提供了可能，因为人不仅要对自己负责，还应对社会负责，网络世界亦然，说到底是人们向善的价值追求。市场经济最重要的道德基础就是责任感，如果每个人为了赚钱都不择手段，不负责任，那就不可能建立健全而稳定的市场机制，更不用说社会的稳定繁荣了。我们应该培养初中生养成的网络责任意识有：家庭伦理道德责任感、职业道德和职业操守责任感、社会公德及遵守公共生活规则的责任感。

3. 诚实守信的行为准则教育

守信是市场经济运行中突出的价值。自古以来，诚实守信就是中华传统道德观念的精华。诚实之所以有用，是因为它可以保证信用，而信用就是金钱。因此，对于初中生来说，养成诚实守信的行为习惯是人生最大的财富。每个网络道德主体对诚实守信的不懈追求和坚持便是推动网络社会秩序和谐、健康、稳定发展的基础。

4. 形成合理的义利观

以义为人的价值取向是中国传统道德的精髓。社会主义道德必须坚持以全心全意为人民服务为核心，以集体主义为原则，以爱祖国、爱人民、爱劳动、爱科学、爱社会主义为基本要求，这就要求我们处理好个人私利与社会公利的关系，发扬克己奉公，义以立生的光荣传统。这并不是说任何时候都不谈个人利益，而是要求初中生有"先天下之忧而忧，后天下之乐而乐"的胸怀，把国家和人民的利益放在首位，要有奉献精神。比如，对于网络新手，要耐心地帮助他；对于爱心网站上的真实求助信息，应积极主动伸出援手，如果个人力量微薄，还可呼吁大家合力解决困难。

5. 自强不息，严于修身

中国自古就有通过进取精神鼓励学子们勤学苦读，创造佳绩。虽然在当代，我们不主张这种带有伤害身体倾向的行为，但这种为实现理想艰苦奋斗的积极态度和勤奋求实的精神是要提倡的，只有自强不息，具有远大理想的人，才能自觉形成道德教育和自我修炼的方法。在网络社会以自律为主的道德环境中，更要求初中生严于修身。把修养作为成才的重要手段，对于今天的初中生来说，还是有现实指导意义的。

6. 推己及人

对于现在以独生子女居多的初中生来说，无论在现实社会，还是在网络世界中，这都是非常重要的处理人际关系的道德准则。通俗说，就是将心比心，应时时处处多替别人着想，这也是仁爱精神的体现。

7. 天人合一的思想

用现代的观点说，就应该树立科学发展观，作为未来的建设者，初中生必须具备良好的生态和环境道德，推动人类社会与自然及网络社会的协调、健康和可持续发展。

在虚拟的网络世界里，大家可以畅所欲言，充分体现了民主与平等的精神，但这同时也为部分学生恣意妄为，道德失范提供了机会。一些消极负面的价值观对初中生产生了不良影响，使得当前的道德教育面临新的危机与挑战。大多数的在校初中生认为网络世界非常需要道德规范，因此，我们很有必要加强网络监管和网络道德教育，帮助初中生在网络监督不到位的环境中慎独修身，扶正祛邪。一定要为其树立信息道德观和科学技术道德观，让初中生对科学技术怀有敬畏之心，对人类怀有仁爱之心，合理道德地使用科技，从而达到自身与社会的健康与和谐。

（二）网络道德主体意识的培养

1. 基本道德意识教育

人的本性并没有善恶之分。任何人的道德品质都是在后天的生活实践中，通过教育而养成的。因此，网络道德教育首要而基本的任务，便是对道德主体意识的培养。网络主体在生活、实践中，要具备基本的道德主体意识，认识到自己应该让道德层次从他律走向自律，进而达到不断地自我塑造和升华。

（1）建立正确的网络道德主体意识。道德意识是在社会生活中逐步形成的，之后又会对人的社会行为产生支配作用。网络社会中，网络主体的道德意识将在其参与网络活动中接受检验。树立正确的网络道德意识，就要求主体有强烈的社会责任感，即当社会的文明与进步需要个人改变自己，或对自己的行为施以某种抑制的时候，自己能够自觉地做出调整。

同时，个人还应当把握正确的是非判断标准，比如，希望生存环境良好，没有不道德、不文明行为，社会和谐有序等，也应是每个网络主体的切身利益。这就要求我们有主人翁的精神，共立规范，身体力行，在网络社会生活中追求个人高尚的道德境界。

（2）处理好目的与手段的关系。目的的良好不能代表和决定手段的道德与正当，即使在善良的动机下，也不能采取不合法、不人道的手段。有了纯正的目的，还要科学地分析和选择手段，合理地利用手段；并且，在动机端正的前提下，还应该坚持手段的灵活性，从多种可能的手段中，选择最优者而用之。坚持服务于目的的手段的灵活性，绝不是没有原则。手段必须服务于目的，而不能损害目的，任何管理网络的手段都不能以牺牲人与社会的自由全面发展为代价。

2. 网络公共行为准则与文明礼仪教育

（1）网络公共行为准则教育。社会生活中，为了维持正常的秩序，保证个人交往和公共利益的实现，人们总是要共同去遵守一些最起码的、最简单的公共行为准则。公共行为准则是维系公共生活的基本保证，也是维持社会秩序的最简单道德要求，如文明礼貌、诚实守信、维护公共环境等规范，是人们社会交往和公共生活实践的产物，也是社会共同体存在的道德基石。

首先，公共行为准则是维护公共场所秩序的基础。网络社会作为一个公共场所，是人们共同生活、娱乐和学习的地方，其秩序的好坏，会对人们的正常学习和生活造成极大影响。公共行为准则对公共场所的恶风陋习有一种限制和约束作用，又对良好的行为习惯进行鼓励。因此，自觉遵守和维护公共生活秩序，是起码的公共行为准则。

其次，公共行为准则是保护公共利益的手段。网络社会的公共利益是所有网络主体的共同利益。公共行为准则要求个人进入公共场所追求自身利益时，不得将其置于公共利益之上，而必须服从公共的利益和秩序规定。

最后，公共行为准则是社会生活得以延续的保证。社会生活的延续和发展，并不排斥单个主体的个性和自由。恰恰相反，公共行为准则是对多种行为的整合，它为发展人的个性和自由创造条件。

公共行为准则同时也是人们公共交往的基本要求，被视为文明生活的根本。所以，公共行为准则是全社会达成的最低限度的道德共识。在网络的公共生活中，人们的行为不断接受公众的审查、监督和纠正，需要与社会期望取得一致。其实，公共行为准则只有落实到个人行为层面，才能真正发挥协调和引导功能。同时，个人价值追求的顺利实现，也离不开社会公共秩序的有力支持。其中，文明礼仪就是调节公共行为的重要手段和方式。

（2）网络文明礼仪教育。一般来说，现代人所使用的"文明"一词主要有三个含义：一是指文化，如物质文明、精神文明等；二是指与"野蛮"相对应的状态，即人类的进步和开化状态；三是指光明，有文采。

礼貌指人们在相互交往中表示尊重、友好的行为准则；礼节指人们在社会交往中表示问候致意、祝福等惯用的形式；仪表指人的容貌、姿态和风度等外在表现，是礼仪在个人形象方面的体现；仪式指在特定场合按特定程序和方式表达礼貌、礼节的活动。个人在人际交往的过程中，先要尊重他人，把自己内心的尊敬之情通过美好的仪表、仪态表现出来，这不仅是个人成功的保障，也是社会文明程度的体现。

礼仪具有规范性、传承性和可操作性的特征。所谓规范性，主要是指礼仪的约束性，即对个人和组织行为的要求与评判功能。历史上，礼仪有明显的地域性，是特定地域文化（风俗习惯、道德要求等）的结晶，它随着历史的发展而不断传承下来。人们遵守的礼仪往往要求简单明白、切实可行、便于操作。伴随人们交往实践范围的不断拓展，礼仪也不断增添新的内涵和要求。比如，网络世界中，不同文化的交流和碰撞，使得不同主体彼此要共同遵守的礼仪逐渐增多。在相关的活动中，恰当地遵循礼仪不仅有助于展示个人的道德修养和文化水准，也是个人交际能力的重要体现。

礼仪与文明相互关联、相互影响，礼仪是文明的外在表现，文明是礼仪的内在根基。社会文明的程度，决定着礼仪的发展水平。因此，礼仪是人类文明重要的组成部分，也是人们在社会交往中应当遵守的具体行为准则。我国一向以"礼仪之邦"著称，完备的礼仪体系构成了我国传统道德的核心。现实生活中，人们的社会角色往往是多重的，所以我们应该在一切场合中讲究礼仪。文明礼仪是人们在公共交往中的基本道德要求，比如说，举止大方得体、谈吐文雅、以礼相待等。既不欺人也不自欺，彼此相互尊重。在网络空间中，讲究文明礼仪有助于造就和睦融洽的交往氛围，共同实现不同主体的利益要求，对于净化网络社会风气有着不可忽视的重要作用。

网络文明礼仪是指网络交往中的人们通过文字、语言和声像等各种形式体现的、约定俗成的一系列规则和行为方式，它要求体现网民之间相互的尊重。网络文明礼仪包括问候礼仪、语言礼仪和交往礼仪。问候礼仪指在网络社会交往中，人们在问候和称呼对方时应遵守的规则；语言礼仪指人们语言表达在网络交往中应遵守的规则；交往礼仪是指人们在网络社会交往时应遵守的规则。网络文明礼仪是在网络空间的交往中逐渐形成的，许多行为方式具有与网络社会相适应的独特性。

3. 网络道德规范教育

网络道德规范是指在网络社会中，人们约定俗成或明文规定的行为标准，是网络文明礼仪的升华。网络道德规范是网络道德评价的标准，如不按规范去做，就不仅仅是不礼貌，而且是不道德的。网络道德规范具有普遍性，要求所有网络主体共同遵守。且具有认同感上的一致性，即要求每个网络主体都要为自己的行为负责。

道德规范涉及人类的全部道德现象，道德与法律不同，它需要人们自觉地去实践它，这才是真正意义上的道德行为。但在现实生活中，我们又必须把大家都"应该"遵守的行为具体化，变成一种不成文的规定或是标准，因为它可以提供人们行为的方向，又可以作为人们对行为本身进行道德评判的标准。

网络打破了地域和民族的界限，把世界联成一个共同体，如果每个网络主体都以自己民族特有的习惯和规范来参与网络，那么网络社会秩序就无法保证，人们也就不能正常交流。所以，必须重新构建彼此相互理解并愿意遵循的规范。也就是说，只有真正意义上的网络道德规范才能得到全体网民的认可并践行，在此基础上，才能建设成合理有效的网络社会。

互联网不是一个简单的网络，它是由成千上万的个人组成的特殊社会，所有参与其中的社会成员不仅应该意识到网络道德规则的存在，也应意识到其他网络主体的存在。同时，每个网络或系统都有自己的程序和规则，在一个网络或系统中被允许的行为，在另一个网络或系统中也许是受控制的，甚至是被禁止的。

（三）网络道德行为选择教育

选择作为人类活动的重要方式，渗透于社会生活的所有领域，道德行为选择是一种特殊的选择，指的是道德主体在面临多种行为方案时，会在一定的道德意识和价值观念的指导下，在现实的道德关系中做出道德行为选择的生活方式。

道德行为选择是个体最主要的道德活动形式之一，也是社会道德转化为个体道德的重要途径之一。道德对社会生活的干预和影响就是通过个体的道德行为选择实现的，正是在不同的道德行为选择中来培养人们弃恶从善的能力，确定人生高尚的目标。道德行为选择是意志自由的体现，但这种自由是有限度的。即道德主体需为其道德行为选择产生的结果承担必要的责任。那么，行为主体对行为所进行的选择究竟应负多大的责任，又如何确定责任的限度，这就涉及道德行为选择中的自由与必然，以及道德冲突处境下的行为选择的问题。

道德行为选择的实质是对有道德价值的行为和品质的选择，为了实现更高的道德价值目标。一般情况下，人们具有向善的意识以及善恶辨别能力，能够在道德与不道德之间进行明确的选择，这样的抉择并不困难。但在现实环境中，人们往往会遇到矛盾冲突和难以抉择而又必须选择的境地，即无论选择哪种行为，都是一定程度符合某种道德准则，但同时又肯定违背了另一种道德准则，在选择了某种有价值的方案的同时，就必须牺牲另一种同样有价值的方案。这种令人困惑的选择处境，我们称之为道德冲突处境下的行为或道德两难选择。

道德冲突处境下的行为选择难以避免，这种冲突造成了个体道德选择的困境，因此，如何应对行为选择中的道德冲突就成为个体道德选择所要解决的重要课题，这里也涉及选择中的自由和责任问题。

首先，能够正确认识不同道德标准和原则的不同层次价值，确立准确的道德价值等级，以道德价值大小作为道德冲突情境中的选择标准，即两害相衡取其轻，两利相权取其重。所以在道德冲突情形下的道德选择标准应是：体现社会义务的道德行为优先于私人义务的履行；体现长远利益的价值追求要高于短期急功近利的道德行为。

其次，要解决道德冲突处境中的选择困惑问题，还要培养履行道德义务的强烈的责任感、坚强的道德意志和果敢的决断能力，自觉地克服自我性格上的怯懦、因循守旧等弱点，因为在遇到道德选择困境时，虽对如何选择有正确的认识，也有明确的选择标准，但如果缺乏强烈的责任感和在困境中进行正确选择的坚强意志，以及排除困难的果敢决断能力，也无法做出理性的正确的选择。

（四）网络个体道德品质与道德境界教育

1. 个体道德与社会道德的关系

对个体道德的研究，最终是要提高人们的道德素质，培养人们的道德品质，铸造人们的道德人格，达到理想的道德境界和人的自我完善及全面发展。

个体道德指在一定的社会生活中，起一定社会作用的个人，为实现自我发展、自我完善的目标，适应一定社会利益关系的客观要求而形成的道德意识、指导自身道德行为选择的内心准则和个体道德行为实践的总和。社会道德指的是一定社会在其运行和发展中，为协调各社会群体、社会成员之间的利益关系而形成的道德规范体系、道德价值观念以及道德实践活动的总和。个体道德和社会道德虽属两种不同类型的道德，但两者是相互作用、相互渗透和相互转化的。个体道德水准和境界的提高，能促进社会道德的提升。同时，加强社会道德建设，净化社会道德环境，又能为个体道德的发展创造好的外部条件。

社会道德与个体道德互相依存，互为前提，互为存在和发展的条件。

第一，社会道德的实施必须以个体道德为基础。因为社会道德只有得到个体的认同，才能将其转化为真正意义上的现实道德。社会道德的生命力最终取决于每一个体的道德自律程度和由此构成的整体综合效应。个体道德的形成也依赖于社会道德，每一道德个体都生存于特定的社会环境中，并受到社会环境的制约和影响。因此，任何个体道德在本质上都是社会道德的内化。

第二，社会道德与个体道德各以对方为自身发展的条件。两者都根源于社会物质经济关系，都属于社会意识形态范畴，彼此之间不存在谁决定谁的问题，都以现实的利益关系为基础，表达现实利益的客观要求。社会道德内化、个体化的过程，也就是它转化为个体道德的过程。社会道德通过对个体的影响、熏陶，积淀于人们心中，塑造了个体的道德灵魂。同时，某种个体道德一旦形成，便是同性质社会道德产生的先导。因为个体道德作为一个人内在的道德素质和内心准则，不是为了别的，正是为了适应一定社会、阶级或群体利益的客观要求。所以，个体道德本质上不过是个体化了的社会道德。

第三，社会道德与个体道德在内容上相互吸收。一方面，社会道德的原则和规范并不全是纯客观道德要求，它的实现要靠道德个体在具体鲜活的实践活动中产生；另一方面，个体道德是社会道德的内化，或者说是个体内心中自觉到的社会道德规范。道德个体的道德意识始终要受到他的社会地位、社会环境、社会文化或是具体的社会实践的制约。

2. 网络道德品质、人格与境界教育

任何时代、任何阶级的道德规范体系的构建、道德教育系统的形成及道德评价活动的开展，最终目的不外乎是培养出具备符合一定阶级和时代需要的道德品质和人格的人才。随着时代的发展，网络技术的突飞猛进，人类进入网络社会及其社会交往的增多，价值取向的多元化，社会关系的复杂化，这一切都对人的道德品质提出了新的要求。

（1）道德品质及其形成过程。道德品质，是一定社会的道德原则和规范在个人思想和行为中的体现，是一个人在一系列的道德行为中所表现出来的比较稳定的特征和倾向。道德品质和道德行为之间的关系是密不可分的。道德品质总是由一系列的道德

行为构成，一定的道德行为又总是以一定的道德品质为表征的。

道德行为是道德品质的客观内容，道德品质是道德行为的综合表现。一定的道德行为经常表现出来，日积月累，便形成一定的道德行为习惯，就表现为具有稳定特征的品质。道德品质是自觉自主的行为过程，道德品质不同于一般自然形成的生活习惯，它不是个人某种"兴趣爱好和情感"自然发展的结果，而是一种自觉、自主的行为选择过程，是凭借道德意志的控制和坚持的结果，是一个人的道德意志的凝结和自觉养成的行为习惯。道德品质是在行为整体中表现出来的稳定特征和倾向，就是说，道德品质不是一个人在某一领域、某一时期、某一场合的个别行为或举动，而是一个人在各种场合和各个活动领域乃至贯穿一生的一系列行为的综合、稳定的表现，是行为主体主观意志和道德行为的统一。

任何个体的道德品质，都是社会中存在的道德关系、道德原则和规范在个体思想和行为上的集中反映。所以，道德品质的形成离不开一定的社会客观基础。同时，道德品质又都是通过个体的行为活动表现出来的，因此，道德品质的形成是由客观因素和主观因素共同决定的。

第一，道德品质的形成受到客观社会环境和物质生活条件的影响和制约。不同社会的人们，由于受到不同的道德教育，就有着不同的道德品质。同时，道德品质的形成也是主体自身自为的结果。道德行为主体并不是完全被动地受制于外在客观环境。人作为有意识的能动主体，具有选择和决定自己道德品质发展方向的能力。另外，个人的世界观、价值观也对行为和品质方向的选择起着重要的作用。

第二，道德品质的形成过程也是行为主体在与社会环境的交互作用中，对行为自觉认识和选择的结果。道德主体对品质形成的能动作用，主要表现在通过自身的道德认知能力，将外在的道德要求和影响，有选择地内化为自己的道德意识，并通过道德情感和意志，树立正确的道德信念，进而养成自己的道德行为习惯，久而久之，便形成了自己的道德品质。可见，客观环境对于品质形成的作用归根结底还是要通过主体内在的作用才能生效，因为外因是变化的条件，内因是变化的根据，外因只有通过内因才能起作用。

因此，在道德品质的形成和培养过程中，既要注意加强外在的道德教育，有效地发挥道德教化的作用，又要加强内在的道德修养，充分发挥主体自身的道德内化和自我修养的作用。

（2）个体道德人格。所谓人格，就是人之为人的特征，即人与动物相区别的内在规定性，是做人的资格和为人的品格的统一。道德上的人格将其同社会道德关系和活动相联系，区别高尚与卑下，即人们通过生活实践而形成的道德追求和人生价值，从而选择自己做人的范式，培育自己的道德品质，丰富和完善自己的内心世界，进而体现出人之为人的内在规定性。因此，道德人格，就是个人做人的尊严、价值和品质的总和，是个人在一定社会中的地位和作用的统一，也是人的主体性、目的性和社会性的集合。也可以说道德人格是人的性格、品格的统一。

道德人格反映和突出的是人的社会特质，人所处的社会关系系统决定着该时期的人们具有共同的人格特征。同一历史时期，由于人们处于不同的关系中，特别是在阶级社会，人格也不免打上阶级的烙印，因而又使得人们具有不同的人格特征。同时，社会关系是在不断地发展变化的，由此决定了人们的人格或道德人格也具有可变性和可塑性，从而揭示了培养和提高道德人格、改变道德人格的可能性。

道德人格是人们在长期认识世界和改造世界的过程中，将社会关系和文化特征内化到主体文化心理结构中所形成的相对稳定的心理特质、行为规范和角色模式。道德人格素质的形成，既受社会环境的制约，又是个体选择的结果。网络时代，要求人们科学地分析我国传统的道德人格素质，取其精华，弃其糟粕，自觉地感知和顺应现代生活，积极主动地参与社会实践，努力形成现代生活和网络社会所需要的道德人格素质。因此，我们对学生网络道德人格素质的要求是：既尊重个人利益，又提倡集体主义和奉献精神；既鼓励公平竞争，又不忘友爱互助；既求真务实，又有远大理想。

（3）个体道德境界。个体道德境界表征了道德个体的道德觉悟程度、道德品质状况和情操水平，在社会发展的每个阶段都存在不同层次的道德境界，道德个体应该在社会提供的现有条件下，通过自身的努力，不断提高自己的道德境界。

境界是人们所处的不同境况，以及在某一领域中学识、技艺、智慧等所达到的程度。道德境界指现实生活中的人们在追求自己理想道德过程中的觉悟程度，是道德品质达到较高层次的反映，并且是一个人道德素质的综合表征。那么，我们评价网络主体是否达到一定的网络道德境界，就包括其应具有的网络道德认知和情感，网络道德的选择和实践能力，以及其相应的网络道德人格。

学生在网络生活中应积累良好的网络道德品质，形成网络道德人格，并争取达到较高的网络道德境界。

第三节 网络道德教育的实践运行

一、当代初中生网络道德教育的特征

（一）教育主体的隐性化

1. 网络道德教育主体逐步虚拟化

一方面，随着科学技术的进步，各类学校教育技术随之更新发展，无论是线下教育方式的高科技化、教育内容的数字化，还是线上教育的普及化、便捷性和高时效性，种种变化都使得教育主体的在场方式逐渐虚拟化。与传统德育不同，在网络道德教育中，网络作为特殊媒介，其广泛联结的特性促使媒介场景与现实生活交织相融，使道德教育内容以符号、图像、影像等信息方式展现出来，被网络覆盖的教育主体在教学活动中逐渐趋于无形，人的存在被图像、数据和符号所替代，这就导致受教育者极易忽视真实主体的客观存在，从而过度沉迷媒介本身而忽视内容。

另一方面，教育主体的呈现方式隐性化。自信息革命发展至今，网络道德教育自身也在不断与时俱进，相比传统道德教育的硬性灌输方式，隐形灌输已引成为当代思想政治教育工作者的重要任务。新媒介的渗透深刻影响着人们的生活方式，在潜移默化、润物无声的教育进程中，海量的知识被教育主体隐晦地融入日常生活范围内，在自然和谐、轻松愉悦的氛围里引导受教育者自发地接纳教育内容，自主吸收并内化为思想观念和行为习惯。相比传统的直面教授，这种隐秘的呈现方式更注重氛围的营造，弱化了教育者的主体性，使受教育者专注于教育活动的展现方式而非知识本身，致使媒介形式大于教学内容，无法使教育客体真正达到内化于心、外化于行。

2. 教育主体与客体的交互间接化

在传统面对面的教育模式中，教育者往往能以课堂正面传授或课后促膝长谈的形式，直接与受教育者进行交流，对于受教育者的知识水平和心理活动具有直观把握。但融媒体时代的到来，使传统的主客体互动模式面临网络的解构，主客体间的互动也从单向的直接交互模式，开始转为人—介体—人的间接交互模式。在无限空间中的网络道德教育能够为教育主客体营造一个更广阔、更轻松、更隐秘的教育环境，使双方在忽略角色和地位的基础上，以平等的身份进行开放式交流。

在教育过程中，互联网的超前性发展致使很多学校教师急需补充网络技术知识，网络运用较为生疏，而沉迷网络的学生喜好探索各类应用软件，拥有的线上信息渠道也更多，往往能比教师更快捕捉到热门话题和突发事件。此时，双方所享有的信息时效性不同，传统的教育主客体便发生了双向性转化，教育客体开始呈现一定的主体性，从而导致客体在更注重媒介具象的同时也减少了对真实主体的直接依赖。

（二）教育客体的自律性

从外部环境来看，由二进制代码构成的互联网数据库为网络空间内的任何事物都赋予数字化特征。无论是媒介信息传输，还是人与人的交互行为，都建立在数字与符号的控制之上，具备一定的隐匿性。高度自由的网络社交和可控的数据化交流使初中生的网络行为更多依赖于自觉，法律法规强制功能的弱化、社会监管力度减弱等新特征反而增强了初中生的道德自律意识。

时代在发展，初中生的思想观念也在与时俱进。新时代学校思想政治教育取得一定成效，相较以往，初中生的网络自主意识强，自律意识也得到相应的提升。在近几年在媒体所报道的大型公众事件中，能够明显感受到初中生群体传递的种种正能量，他们的政治参与度有显著提升，立场坚定且热情奋进。初中生能够坚守政治底线，面对大是大非先探究事物真相，不被情绪蛊惑，理性且明智地对待问题，绝不成为不法分子利用的工具。这些迹象充分表明，新时代下初中生网络自律意识有所提升。

尽管当前初中生在网络活动中具备一定的道德自律意识，但分布不均，效果不强。伴随移动互联网而来的是惊人的信息量，既有国内要事、海外时事，也有最新的学术动态和最热门的娱乐八卦，报道内容声色俱全、图文并茂、动静结合，其中虚实真假难以甄别。面对泥沙俱下的多元化信息，初中生的信息甄别能力应随之提升，尤其是自律性较差的学生，否则易被媒介传输方式误导，形成"媒介真实＝事件真实"的错误认知。在新的时代背景下，教育者唯有正确引导初中生辨别信息来源，培养其网络警觉性，促使其自主、自发、自觉地摒弃不良信息，才能够更好地帮助初中生增强自律意识，从而自觉规范个人网络行为，养成良好的网络道德行为习惯。

（三）教育载体的高效化

1. 教育载体的时效性

信息网络的特性重点体现在其巨大的速度优势，在此基础上建立的教育载体也被赋予极高的时效性。在网络空间中，四通八达的信息高速公路冲破了时间的束缚，以信息为核点的辐射状资源网方便又快捷，初中生可以直接借助于任何设有终端的地方随时获取知识。

2. 教育载体的广泛性

高速发展的电子信息网络突破了地域和时间的限制，利用其储备的丰富资源为养料，向初中生传播全人类优秀文化遗产及价值观与行为规范，促使受教育者提升自身内在精神，完善知识结构和人格发展，树立正确的网络价值观念，从而顺利地参与社会生活当中。另外，互联网多元化的信息传输方式和双向交流模式，为初中生提供了相对宽松的氛围，初中生不仅能够在各种移动终端上主动了解各类信息资源，还能自由地访问所需要的所有站点，独立地参与讨论并随时随地地发表意见和建议。

当下，随融媒体时代应运而生的新教育载体虽然拥有新的形式，焕发新的活力，但在实践过程中仍面临着内容形式过于僵硬、运用不得当等问题。如日常课堂传授中，部分学校教育者只是单纯借助了微课堂、云课堂等教学形式，而忽略教育内容应当与时俱进，未能与社会热点事件及时结合，从而降低初中生网络道德教育的时效性，影响学校德育效果，外加互联网内流传的各类外来意识形态和不良信息，种种新问题的产生，都需要新时代学校德育工作者高度重视并发挥好思想政治理论课的主渠道作用，对初中生网络道德失范现象严加对待。

（四）教育内容的多元化

大数据时代以内容的多元化为显著特征，获取内容不再仅靠纯粹的单一化被动灌输模式。现今市面上各类应用软件都涵盖着海量信息，这些微小的资源信息间既关联又独立，共同构建成复合的信息网络。在这个复合网中，信息的传播者和接收者可以对获取的碎片化信息进行筛选、增减和不同程度的修饰与丰富。随着 5G 网络的全面覆盖，以往简单的网络表达形式趋于复杂化，由单纯的文字和图片演变为动漫、音乐、视频、文字相融合的新形式，堪称新时代的视听盛宴。互联网随产业发展渗入社会生产的各个领域，影响着初中生日常生活的方方面面，在对传统道德造成冲击的同时，也不断丰富着新时代网络道德教育的内容。

一方面，道德教育内容得到了动态性的拓展。传输速度迅猛和便携易带的信息网络，将科技深入初中生生活的各个角落，初中生可通过应用软件等多渠道获取最新的社会资讯，从而确保网络道德教育内容和时政新闻紧密相连，打破传统教育模式下时空的限制。流动的教育方式和动态更新的教育内容，促使学校学生能够实时地开展学习交流，有效提升网络道德教育的实效性。

另一方面，道德评价标准也具有多元化。在传统的道德教育环境里，没有互联网作为链接全球的纽带，空间和时间是最大的桎梏。世界各国和各民族基于文化语言、价值观念、宗教信仰等各个层面的差异，所设立的道德评价体系也不尽然相同，环境相对较为封闭，网络信息技术的问世实现了全球范围内的信息流通，打破了以往故步自封的环境，迎来了民族文化融汇交流的新局面，相应地，道德评价标准也随之受到新的冲击。互联网开放、自由、包容的本质特征，决定其对全球各国及各民族的理念信仰和道德价值观念都能全盘接受，融为一体。

在网络空间，不同思想观念和不同种族文化间的交流碰撞，既开拓网民视野，丰富了网络文化，又冲击着网络社会的主流意识形态，为网络使用群体提供多种可供选择的道德标准。在各类意识形态相互博弈的过程中，一部分理念能够融合，一部分被摒弃，这些无法融合的价值观念、风俗习惯、生活理念交织在一起，就使网络道德必然呈现出复杂化特征。面对这些新文化，喜好追求刺激的初中生会出于好奇主动进行接触，从而在潜移默化中迷失自我，导致自身价值观念发生变化。特别是一些打着学术旗号的错误思想，其实质是传播资本主义意识形态，对思想辨识能力尚未成熟的初中生更易造成冲击，严重影响其社会主义核心价值观的形成。这就对新时代的初中生网络德育的工作提出了更高的要求。

二、加强初中生网络道德教育的必要性

（一）拓展思政教育的研究领域

思想政治教育是教育者与受教育者根据社会和自身发展的需要，以正确的思想、政治、道德理论为指导，在适应与促进社会发展的过程中，不断提高思想、政治、道德素质和促进全面发展的过程。网络道德教育是思想政治教育在虚拟世界的新领域，是思想政治教育的重要组成部分，具有规范网络道德行为、培养网络道德品质、调节网络社会行为和维护网络社会秩序的历史责任和时代使命。当今融媒体时代，信息技术在改变着人们的生活方式、行为方式和思维方式的同时，其所附带的高速传播性和蕴含的海量知识体系，也对人们道德观念的形成与发展带来了巨大的挑战。初中生道德水平的高低关乎整个网络社会的道德水准。因此，初中生网络道德教育已成为思想政治教育的重要议题。

伴随着社会的进步与科技发展，思想政治教育的基本理论研究也需要与时俱进、不断深化，在实践中得到进一步充实与发展。在新时代，面对新情况、新问题，思想政治教育的研究空间在不断扩展，研究对象的群体覆盖面在不断扩大，研究主题也越来越具有时代气息。初中生网络道德教育研究以初中生网络道德实践为立足点，旨在提升初中生的道德素养，规范初中生的网络行为，促进初中生全面发展的素质要求，是思想政治教育在网络空间中的创新发展。因此，研究如何加强初中生网络道德教育，不仅能够继续夯实思想政治教育理论基础、提高思想政治教育研究科学化水平，也有利于积极探索思想政治教育学科发展新方向，拓宽了思想政治教育的研究领域。

（二）规范初中生网络行为

尽管网络的高效性和便捷性深受众人追捧，但绝不能因此忽略其产生的负面影响。抖音、快手、微博等网络直播产业拔地而起，流量为王的新产业模式风靡全网，信息碎片化成为不可扭转的趋势，泛娱乐化的网络文娱逐渐模糊着知识与娱乐的边界，外加西方敌对势力的渗透，一些不良信息和错误思想也在逐步侵蚀着初中生的价值理念和道德观念。正确的思想意识对人们的行为有积极的指导作用，而错误的思想观念只会引导人们采取错误的行动，对客观事物的发展具有阻碍甚至是破坏作用。所以，为有效提升初中生网络道德意识，从而规范初中生网络道德行为，加强初中生网络道德教育已是刻不

容缓。

（三）促进初中生全面发展

从广义来讲，道德代表着国家和社会的和谐与秩序。从狭义来看，道德是一个人的自我修养与自我实现，网络道德作为道德在网络空间的衍生，是弘扬社会正能量的有效渠道，同样也是推动社会主义精神文明建设的有生力量。重视并提升新时代初中生网络道德教育既体现了顺应时代发展潮流的需要，又体现了社会主义精神文明建设的必然要求。

当前初中生正处于世界观、良好的行为习惯和健全人格形成的关键时期，热情奔放、动态多变是他们的个性特征。初中生的社会性情感正得到充分发展，具有不稳定性，易被整个社会大环境所感染。一些网络媒体便趁此机会，怀着企图在虚拟世界大发横财的投机心理，在资本驱使下利用流量运营模式无限制地传播不法信息，以赌博诈骗等刺激信息为主，不断冲刷公众道德底线，这些庞杂多样且良莠不齐的不良信息往往对思想单纯的初中生造成负面冲击，引发导致其网络行为违背道德准则。面对繁琐复杂的碎片化信息网络，网络道德教育能够以法律法规教育为基础，帮助初中生提升信息甄别能力和道德判断力，引导中学生群体自觉遵守网络道德规范，树立正确的价值理念，从而培养初中生成为高度自律的网络主体，从源头上减少网络失范行为的发生。

（四）构建清朗的网络空间

21世纪以来，网络早已取代报纸、广播、电视的传统媒介主体地位，已经成为社会上影响最大的传播媒介。人们不再将互联网简单地视为一类技术手段，而将其作为一个全新的生活领域，但虚拟化的生存方式决定了人与人之间的交流更多呈现数字化，人们已经习惯昵称虚拟、头像虚拟、身份虚拟的网络生活，逐渐模糊现实个体与虚拟个体的边界，有些网瘾青年甚至忽视法律法规的约束，将现实与虚拟混为一谈，从而突破道德底线，做出影响现实社会生活的违法行为。

同样，网络新媒体的发展改变了传统德育环境，不同道德观念和价值理念都交汇于互联网，在这个世界舞台上融合、交锋，冲击着我国主流价值观的主导地位。全球资源共享的便利性，为外来思想意识的渗透提供技术支持，西方国家更是蠢蠢欲动，通过文娱产业、学术交流等手段竭力宣传西方生活方式、价值观念、意识形态以及宗教信仰等，妄图蛊惑初中生对新文化产生追崇和膜拜的心理，于潜移默化中扭曲初中生的文化印象，使其从根本上认同西方文化，从而在初中生的认知中解构中国文化的根基，严重影响学校学生的思想观念和道德认知。

尽管目前青年群体具有一定的自律意识，但网络世界日新月异，层出不穷的网络诈骗以各类意想不到的方式吸引初中生落入陷阱。初中生正处于生理心理共同发展的特殊阶段，价值体系尚未成熟，自我约束力较弱，外加网络法律法规教育未能深入，网络防范意识薄弱，因而，极易致使网络失范行为频频发生，影响初中生身心健康发展，进而威胁到社会秩序的稳定运行。因此，加强初中生网络道德教育，是网络空间清朗起来的必然要求，也是维护国家长治久安的重要保障。

三、初中生网络道德教育取得的成效

（一）厚植爱国主义情怀

1. 初中生爱国情感表达呈现多样化趋势。初中生对爱国的认知深受多元文化的冲击，网络缤纷多彩的视觉效果促使情感的表达衍生出了新的模式，尤为体现在主流社交软件中。如微博每日由官方发起的超话和热搜，讨论人数与日俱增；国庆假日时，微信 App 官方推出的迎国庆换新颜活动在初中生中起到了巨大的反响，都在朋友圈发表"请给我一面国旗"，领取国庆专属头像，包括小国旗、70 周年徽章、国庆快乐等，该活动一度掀起朋友圈浪潮，成为青年初中生争相追逐的时尚，还有抖音 App 有关中国强起来的视频创作、软件 Lofter 上相关的绘画文学创作等，种种现象表明，初中生的爱国热情正在虚拟与现实中交错重叠。新一代青年初中生正以社交软件为平台，以视频音乐、文字绘画、图片表情包等相融合的新方式来抒发爱国情怀。

2. 初中生的爱国主题日益鲜明。在新浪微博的热搜榜上，由《人民日报》发起的"我爱你中国"热搜居高不下，阅读量高达 72.4 亿，讨论参与人数多达 1206 万。在版面内容中，最为鲜明的是各地初中生，他们用不同方式来表达对巍巍中华的赞美与热爱。如年轻的应征服务的初中生则用手势舞来演唱《我的祖国》，更有很多年轻的 UP 主采用视频剪辑的方式来展示祖国的山河壮阔、文化瑰丽，向祖国发出最深情的告白。这些新颖的方式为初中生抒发爱国之情拓展了多方渠道，引发了青年初中生的强烈共鸣，我们有多年轻、上下五千年、以最好的青春，致敬最美的中国等留言随处可见、获赞飙升。热搜 2020 中国成绩单展示这新中国走过的 70 年历程，祖国的变化使初中生更加坚定信心——"一带一路"建设，中国探月工程绕、落、回三步走规划的如期完成，火星探测之旅的成功展开，北斗三号系统的成功开通等重大科技成果的成功研发，使初中生更加有自信、有信心实现中国梦，能够站在历史交汇时期弘扬爱国主义，发挥初中生的作用。

3. 初中生能够理智地抒发爱国情怀。在涉及国家主权问题方面，初中生于情感上坚决捍卫国家利益不受外部侵害，在行为上表现得理智又克制。排名微博新时代超话第九的正是《人民日报》推出的中国一点都不能少，阅读量累计高达 67 亿次，并伴有 1345 万次讨论。在面对威胁国家安全的恶性事件上，新一代青年初中生能够勇持爱国之焰，抵御敌对势力散播的负面言论，积极汲取并传播正能量，将爱国主义情怀更深更广地传递到青年群体当中，进而厚植爱国主义情怀，弘扬爱国主义精神。

建成社会主义现代化强国、实现中华民族的伟大复兴离不开中华民族的共同努力，这场跨越时间维度和空间维度的中国梦，是一场接力跑，我们要一棒接着一棒跑下去，每一代人都要为下一代跑出一个好成绩。爱国主义的表达方式随时代更迭，其精神内核与时代同步。在新时代的网络教育中，相比其他社会群体，初中生感觉敏锐，能更快与时代精神产生共鸣，进而扩散形成强大的影响力辐射到所有青年群体。初中生秉承求真精神，在理性遵守网络基本道德规范的基础上，用多元化方式在网络平台抒发着爱国情怀，这为引导初中生在日后的学习生活中自觉投身祖国建设，树立振兴中华民族的崇高社会理想奠定了基础。

（二）基本遵守网络道德规范

道德规范是道德原则的具体化体现，能够调整社会道德关系，对人们的行为准则具有一定的约束力，成为判断及评价人们善恶行为的基本标准。互联网不是法外之地，初中生不仅要在现实社会遵循一定的行为规范，在网络环境中也要具备必要的道德修养。遵守网络道德规范有利于初中生崇德向善美好品质的培养，也有利于推动初中生在现实社会与虚拟世界间的角色转化。

从价值观念来看，目前初中生有较为明确的道德认知。在现实社会中，以思想政治教育课堂作为主渠道，初中生接受了长期的道德教育，耳濡目染之下，初中生基本都能坚持热爱祖国、遵纪守法、恪守道德行为底线的主流价值理念，生理心理都逐渐趋于成熟。在与虚拟世界交融中，初中生能够站稳政治立场，主动维护国家主权不受侵害，基本做到遵守网络道德法律法规。

从行为表现来看，网络世界内的初中生能够遵守相关的法律规定，不做危害国家安全与网络安全的行为，不做违法犯罪行为。学生纷纷发表宣言，自觉维护安全与健康，做到文明上网、依法上网，不造谣、不跟风，传递社会的正能量。新时代初中生爱国、礼貌、理性、求实，致力于成为网上形象美、言语美、行动美的礼貌人，这就为营造良好的网络环境奠定了基础。

（三）倡导集体主义价值观

集体主义强调个人利益要服从于国家、集体及民族利益。新时代要加强全民族的思想道德建设，加强集体主义教育。虽然网络空间内极端个人主义盛行，但初中生活是集体生活，群体成员的互动性致使初中生集体主义观念比较浓厚，普遍能做到从整体性出发，处理好集体和个人利益之间的关系。

1. 初中生总体上维护集体利益

个人利益与集体利益是相统一的，一方面，个人利益的实现需要以集体利益为前提；另一方面，集体事业的发展又能不断完善个人的发展。初中生生活在集体观念比较强的环境中，他们不论在思想上还是行为互动上，大都能从集体或者对方的角度出发，做到先集体后个人，这就对网络道德教育起到了重要的引领，面对网络违法行为和反动观念，初中生能够率先挺身而出，处理好集体利益与个人利益的关系，从而维护社会和国家的利益，践行社会主义核心价值观，传递平等友爱的正能量。

2. 初中生在网络空间内勇于担当

在这次全球抗击新冠疫情的行动中，初中生纷纷以歌曲、视频制作、诗歌朗诵和绘画创作等独有的方式向一线人员致敬，有些初中生则选择到当地社区成为志愿者，还有部分为一线医护人员的子女在线上开展义务家教辅导服务。大灾面前，必有大爱，这些感人事迹正彰显着新一代初中生维护集体、热爱集体的责任担当意识。在发扬集体主义道德实践的同时，初中生不忘加深自我对网络道德的理解，传播与倡导网络道德模范的事迹，将网络道德行为准则内化为自身的行动指南。

（四）弘扬网络志愿精神

以协作共赢为核心理念的互联网时代，不仅催生出各式各样的网络新兴产业，也为中国公益事业由现实向虚拟迈进提供可能。公益事业所倡导的积极向上的志愿精神，是推动国家社会和谐发展的内在动力，是维护网络社会中人与人之间友好相处、互帮互助的和谐关系的精神保障。因此，初中生理应弘扬网络志愿精神，在乐于奉献的氛围里提高个人道德修养水平，从而形成良好的道德价值观念，全面提升个人综合素质。

网络技术的发展为社会公益事业增添了新的渠道，互联网的互动性、开放性和自由性使初中生能够更方便地参与公益行动，在网络宣扬奉献、友爱、互助、进步的新时代志愿精神。近年来，初中生参与社会公益事业热情不断高涨，新的公益模式也随之与日俱增——从微博超话"蓝色生命线"到"水滴筹"，从腾讯公益的运动捐步数到支付宝的蚂蚁森林实体化，到专门的公益 App"帮孩子回家"，各式公益活动引发着初中生的强烈共鸣，促使广大青年学生不再选择做旁观者，而是通过微博、微信、QQ 等平台积极参与其中，为社会发展助力。在抗击新冠肺炎疫情的全民战役中，初中生更是充分发挥各自特长，以线上方式开展各类志愿服务活动，不仅为一线人员录制鼓励视频和歌曲，还时刻关注并帮助照顾一线战役人员家属的日常生活，或主动前往当地社区参与志愿协助工作。新时代志愿服务奉行奉献、友爱、互助、进步的精神内涵，初中生要主动承担新的时代使命，自觉把志愿服务融入民族复兴的历史重任中。

公益事业从线下到线上，更是通过网络把志愿活动的形式充实丰富，也更加方便快捷，有效地为思想政治教育提供新的教育路径，增强初中生思想政治教育的实效性。学校是发挥思想政治教育的主要阵地，初中生是思想政治教育的主体，学校通过思想政治理论课加强当代初中生的奉献、友爱、团结、互助精神，更是通过网络把这种精神发扬光大，继续续写雷锋故事，宣扬雷锋精神，自觉自发地把这种精神内化为自己的行动，主动承担起社会赋予的历史使命。自古以来，奉献和爱的理念便深深植根于中国人血脉里，兼爱、仁者爱人等传统思想更是代代相传。当下，在中国飞速发展、稳步前进的新时代，包涵艰苦奋斗、开拓进取、不怕牺牲等在内的革命精神和民族文化，正借助互联网广泛传播，深入人心，焕发出新的生机和活力。新的网络时代赋予志愿精神以新的内涵，初中生正秉承奉献、友爱、互助、进步的新时代志愿精神，在网络道德教育实践活动中发扬和践行社会主义核心价值观，引领社会主义新风尚。

四、加强初中生网络道德教育的对策

"网络空间所具有的自由性、开放性、虚拟性等特点，会给学生的思想性格带来负面影响，使部分道德意志薄弱的学生放任自我，产生不良行为。这就要求我们关注网络道德问题，积极探索中学生网络道德教育的对策。"[①]

（一）提高初中生自我教育能力

1. 自觉提升新媒介素养

在移动网络占据主要地位的新时代背景下，新媒介素养是全体公民都应具备的新素养，初中生也不例外。在掌握基本的网络技能后，初中生应进一步深入了解网络媒介知识，知悉媒介类型和传输过程，从根本上对媒介信息保持警惕，初中生唯有率先学会探究信息来源，对任何信息内容都持怀疑态度，才能在不被信息迷失的前提下筛选出有效信息，养成健康的网络行为习惯，提升自身网络道德品格。

（1）鼓励初中生主动学习新媒介知识。有关新媒介素养的相关课程目前尚未纳入初中生公共必修课程中，仅作为选修内容供初中生凭兴趣泛泛了解，部分学生更是直接忽视理论知识，选择在互联网中被动地获得实践感悟。但脱离理论指导的实践是盲目的，长此以往，初中生的网络行为只会越来越脱离主流，最终酿成恶果。因此，学校要以课堂、广播、校报、微信公众号、校园贴吧等相结合的方式，多渠道地普及开展新媒介教育，为学生主动了解网络媒介基础理论提供条件。不仅如此，教育内容应以实践案例为主，充分调动初中生的兴趣与探究欲，使其认识到网络媒介的重要性，知悉网络媒介与政治、经济、文化之间的复杂关系，正视网络媒介所引发的社会问题，从而自发地承担相应的社会责任。

（2）提升初中生的媒介信息甄别能力。随着流量王道旗号的越来越响，一些线上媒体尝到甜头，在资本的驱使下开始热衷于反转式报道，在抖音、微博、微信公众号等平台大肆发表内容反复变化、结果多次颠覆的反转新闻。在这场报道—发酵—反转的流量营销中，信息来源和可靠度容易被忽略，受情绪调控的初中生往往更愿意关注事件本身

---

① 胡艳华：《加强中学生网络道德教育的探索与研究》，《太原城市职业技术学院学报》2010 年第 01 期，第 100 页。

并为之争辩，却忘了媒介真实不等于客观真实的原则。除此之外，还有许多借助网络媒介进行层层传递的消息，以人传人的方式模糊事件真相。因此，提升初中生媒介信息甄别能力刻不容缓。在日常上网时，初中生要用思考和批判的态度对待网络舆情，提高自身思辨能力，对媒介信息始终保持高度怀疑，时刻谨记在网络时代内容≠真相的媒介原则，传播积极向上的正能量。唯有如此，才能有效提升初中生网络道德素养，使网络空间中的初中生担负起应尽的道德责任。

（3）增强初中生的媒介道德和法律观念。法律是国家意志的体现，是维持社会稳定发展的重要保障。尽管学校网络道德教育课程中有相关的法律意识教育，但仍有部分初中生因缺乏法律意识而产生侥幸心理，实施违法行为。良好的媒介道德和法律观念，不仅能够帮助初中生有效抵制不良信息和行为，提升初中生的媒介素养，增强其网络道德意识，也有助于营造一个文明、健康、绿色的互联网媒介环境，加快推进我国网络强国的建设。

2. 发挥朋辈群体的教育功能

所谓朋辈，即朋友和同辈，是指基于相似的年龄、相似人生经历、相似的价值观和兴趣爱好、不低于两人而自发形成的非正式群体。简而言之，初中生朋辈群体就是志同道合、情感较深的简单小团体。作为一种群体的自我教育形式，朋辈教育打破传统他律式教育，强调同龄人平等互助，更注重挖掘道德教育内部的引导和同化作用。朋辈教育能够在初中生网络道德教育中发挥价值导向功能、调节转化功能、凝聚激励功能、约束干预功能和规范同化功能，有效帮助初中生完善自我，引导群体共同进步。

（1）加强榜样示范，发挥价值导向作用。初中生朋辈教育功能的发挥主要在于榜样的模范带头作用。要培养朋辈榜样成为引领青年群体的思想灯塔，加强其在群体思想、意识以及价值观中的标杆作用，通过以一带多的方式实现网络道德教育的引导功能，从而推动整个初中生朋辈群体提升自我价值和自我能力，最终实现共同进步。发挥朋辈群体的价值导向作用，以个体带动群体取长补短、互帮互助，不仅有利于初中生自身道德素质的提升，也有利于初中生群体自我管理、自我教育的强化，为营造一个风清气正的网络空间奠定基础。

（2）构建网络教育平台，发挥凝聚激励作用。朋辈群体往往具有极强的凝聚力，会引导个体在思想性格、行为习惯、价值观念相异的前提下，为了获得群体归属感而尽快融入朋辈群体中。在融入过程中，个人为了被接受会主动选择被群体同化，从而形成和群体一致的价值观念与行为习惯。在虚拟世界中，一方面，要积极构建以初中生为主的网络教育平台，充分将网络空间的交互性与朋辈教育的凝聚作用有机融合，使初中生在潜移默化中自觉接受朋辈群体积极、正向的正确引导；另一方面，朋辈教育能够产生长期的正向激励作用，对初中生网络道德品质的形成具有深远影响，有力提升网络德育的时效性。

（3）营造良好的朋辈环境，发挥规范同化作用。一方面，朋辈群体是一个富有生命力的活跃群体，为维持群体凝聚力，朋辈中会率先产生一项大家彼此高度认同的道德标准，而后吸引其他成员不断向该标准靠拢。长此以往，这种规范同化作用会逐渐影响群体成员完善自我道德，由道德他律迈向道德自律。良好的网络朋辈环境，能够确保初中生在群体感召力下自觉遵守道德规范，即便在无人监督的互联网平台上，仍坚守本心，规范自身的网络行为。另一方面，在网络空间中，朋辈群体的规范同化是一个动态性的过程。在这种双向交互中，个体与个体、个体与群体间以线上方式相互学习、共同努力，营造互帮互助、协同发展的网络朋辈道德环境，最终达到合作互补的双赢效果。由此可见，初中生网络道德自我教育能力的提升，离不开良好的网络道德环境，也离不开网络朋辈群体的积极引导。

3. 自觉遵守网络道德规范

规范具有不同于行政法规强制实施的软束缚特性，是社会群体约定俗成的标准。网络道德规范是帮助初中生提升网络道德素养，形成文明上网良好习惯的重要保障。新的互联网环境下，初中生在享受高科技带来的便利时，应切记优点众多的虚拟世界只是社会生活的一部分，网络并不能完全代替现实，初中生要充分意识到网络法律法规的重要性，不仅要加强思想道德修养，自觉按照社会主义道德的原则和要求规范自己的网络行为，更要依法律己，遵守网络文明公约，唯有这样，才能帮助青年初中生抵制有害信息和低俗之风，做到健康、合理、科学地上网，打造一个绿色干净、文明和谐的网络空间。

要达到初中生自觉遵守网络道德规范的教育目的，就要培养初中生的慎独精神。慎独意为在孤独中谨慎不苟的自律精神，它所代表的君子精神是中华优秀传统文化的重要内容。"慎独"二字不仅代表道德境界，更涵指极高的道德修养。在新时代，培养初中生的慎独精神，有利于帮助初中生养成自律意识，形成自律习惯，从而使初中生对自身的网络道德言行加以重视，提升个体道德自律水平。

培养初中生的慎独精神，应从以下四个方面来进行：

（1）初中生应从慎始而起，从开头就高度重视网络道德行为，补充网络道德规范相关理论知识，形成基本的网络道德认知。

（2）初中生要以慎辨的态度面对网络信息。微博、抖音、朋友圈等各类社交软件因受字数限制，用不完整的字数陈述事实，导致舆论报道碎片化，外加层出不穷的网络信息每时每刻源源不断汇入大众视野，易使初中生迷失其中，不明真假。因此，未系统建立价值体系的初中生应以慎重、批判、思辨的态度处理网络信息，明辨其中虚假，提升自我的信息甄别力和判断力，增强网络道德自律意识。

（3）在网络对话中初中生要慎言。尽管网络标明了自由、包容、开放的特殊标签，但自由并不是无下限的绝对自由。虽然人们随意可以发表言论和见解，但绝不能突破网络道德底线。数字化、符号化的交流方式使网络对话失去面对面交流的语气加持，从而凸显文字的表现方式和表达内容。对此，初中生更应注意措辞言行、明确自己的角色地位，要为键盘所敲出的每个字负责，并承担相应后果。

（4）初中生理应做到慎行。互联网是一种先进的技术手段，是人类共享的知识文化平台，是联结各国及各民族的线上高速公路，但绝不是借此伤害他人的工具。在网络空间，青年初中生不仅要提高网络防范意识，保护自我隐私不受侵害，也要规范自身网络行为，自觉遵守网络道德规范，不做违法乱纪之事，从而确保他人网络安全，唯有如此，才能杜绝网络暴力产生，维系网络空间人与人、人与网络的和谐发展，为营造一个风清气正的网络空间而提供助力。

（二）提升教育者的教育意识和能力

1. 更新教育理念

教育理念的更新，是一场摒弃过时思想，吸纳融合新理念的扬弃过程，是实现传统教育向现代化教育的重大转变。为此，教育者需要以学生作为德育工作的出发点，时刻提高对初中生网络道德教育的关注度，在提升自身理论水平的同时不忘加强师德修养，于思想观念和知识体系的不断更新中完成教育理念的转变。

（1）教育者要重视网络德育工作，加强理论研究，提高自身理论素质。时代和社会的发展对教育者提出了新的更高的要求，尤其是思想政治理论课教师，其理论水平的高低和教育理念的新旧，直接影响到初中生网络道德教育的实效性。教育者应秉持终身学习的理念，保证自身理论知识与时代潮流紧密贴合，并汲取养分来充实自己的理论知识。教育者在引导初中生进行网络道德教育前，只有自身先接受教育，做到明道、信道，才能在理论水平的不断提升中更新自身思想观念和知识体系，在不断进步中保证教育理念鲜活的生命力，从而有效避免思想僵化、观念落后的情况产生，最终成为初中生健康成长的指导者和引路人。

（2）教育者要进一步转变重智轻德理念，加强师德修养，做到以德育人。教育者应充分认识到，以智育为主、德育为辅的唯结果论教育理念不再适应新时代的需要，德育已成为新时代学校思想政治教育的重要领域，网络德育更是重中之重。在德育工作中，教师是塑造灵魂、塑造生命、塑造新人的人类工程师，承担着培育初中生良好网络道德品质的重任，其道德修养水平的高低对初中生网络道德教育的成效有直接影响作用。网络德育工作者应首先注重师德修养，提高自身的道德品质，承担应有的道德责任，以高尚的道德情操为终身追求目标，唯有如此，才能在网络道德失范现象频发的环境里做好以身作则、以德育人的示范者，从而积极、正向地引导初中生树立正确网络价值观念，规范网络道德行为，真正做到为人师表。

（3）教育者要坚持以学生为本的教育理念不动摇。一方面，在开展初中生网络德育工作时，教育者应改变以往将教学任务视为目标的教学观念，坚持以人为本的教育理念，从初中生自身情况出发，在高度重视初中生网络道德教育问题的基础上，将初中生存在的网络道德失范现象列为重点难点问题，进行针对性研究；另一方面，在引导初中生自觉规避和遏制道德失范行为时，教育者不能仅落实在现实道德上，还要将视野扩展到网络道德层面上，要结合网络暴力、网络谣言等网络道德失范现象展开教育。唯有做到视野广，成为一个具有知识视野、国际视野、历史视野的教育工作者，才能把一些道理讲明白、讲清楚，从而有效提升初中生网络道德教育的实效性，为实现立德树人的根本任务奠定思想基础。

2. 创新教育方式

初中生网络道德教育是一项教育者在掌握网络运行规律条件下，从虚拟和实践两个维度出发对初中生进行积极引导的道德教育实践活动。其依赖网络的特性决定了教育者必须要结合网络媒介，采取新的教育方法来开展德育工作。创新教育方式，能够有效提升教育者的教育能力，增强初中生德育工作的成效，但也意味着教育者需要加强网络技术素养，在学会熟练使用网络的基础上实现现代信息技术与初中生网络道德教育的深度融合。

（1）教育者要增强技术素养，提高自身运用网络技术的能力。网络技术素养的具备是教育者实现教育方式创新，从而有效开展网络德育工作的基础，教育者唯有先认识网络、学会网络、运用网络、把握网络，才能使用合适且新颖的教学手段来进一步教导初中生正确认识网络和合理使用网络。

第一，教育者要认识到信息手段的重要性，调动学习运用网络技术的积极性。现如今，初中生的网络技术素养正随时代发展而飞速提升，甚至远超教师。作为教育活动核心地位的教育者不能落后，必须紧跟时代步伐。

第二，教育者要主动学习信息网络的相关知识，熟练掌握并运用相关技能。特别是云计算、泛在学习、虚拟现实、人工智能等新技术，在丰富教育内容、创新教育方式上有至关重要的推动作用。

第三，在掌握网络技术的基础上，教育者要实现线上线下、课内课外、人与网络、虚拟与现实的互通，针对初中生个性化的网络道德教育取长补短，满足初中生全面发展的需要。

第四，教育者要时刻持有使用网络技术的自觉意识，面对有关初中生的网络舆情突发事件，要学会在掌握网络运行规律和信息传播趋势的条件下，结合社会学、教育学、心理学和传播学来提升自身的应急处理能力。

（2）教育者要充分利用网络技术，创新教育方法。就目前来看，学校教育工作者会借助相关网络媒介开展初中生德育工作，但仅是将其作为工具而简单使用是不充分、不深入的。现代信息技术与网络道德教育的融合是深度融合，是以网络信息技术为手段对教育系统内部各要素之间进行全面优化和整合，从而达到提升初中生网络道德教育实效性的目的。教育者要基于以上认识，学习如何更高效地利用网络技术来进行教育方式的创新。

第一，利用大数据算法，开展个性化教育。随着现代信息技术的不断成熟，5G凭借其高速的数据传输力和极低的网络延迟逐步普及到教育生活的角角落落，VR（虚拟现实）、AR（增强现实）等技术也随之进入教育者的视野。网络新技术的发展，为搭建沉浸式、体验式的新型智慧学习空间提供助力，也衍生出相对于传统调查更为客观和科学的大数据算法。在这种崭新的教学氛围里，教育者可以充分利用大数据算法，针对初中生的网络道德观念和日常行为进行科学分析，及时掌握教育对象的思维认知和行为习惯，从而针对不同个体的特征差异对症下药，做到将教育内容精准投放到初中生的网络生活中。

第二，在教育过程中，教育者应在熟练掌握网络技术的基础上，利用易班、慕课、等全国网络育人平台，结合平日使用的腾讯课堂、钉钉课堂和MOOC等课程软件，多开办以小课时为主的小班精品课程，做到一对一、点对点，提高课堂的高效性。

第三，开展初中生网络道德教育时，教育者要多使用网络语言，课堂上要及时搜索最新的网络热门事件用以举例教学，创设虚拟的网络情境使初中生亲身体验。除此之外，教育者要更注重参观教学法、情感体验法、实践认同法等课外方法，帮助初中生在实践中自觉提升网络道德素养，增强网络道德认同。

3. 加强教育引导

初中生网络道德教育的实质，是教育者通过有计划、有组织、有目的的引导来促使初中生认可网络道德价值观并自觉将其内化为自我观念和行动。因此，教育工作者的正确引导既是其教育能力的突出体现，也是加强初中生网络道德教育的重要途径。德育现代化的飞速推进使教育者的主体地位呈现隐性化特征，对教育者，尤其是思想政治理论课教师的引导力造成一定冲击。为有效提升教育能力，增强教育成效，从而实现培育时代新人的历史使命，教育者在开展初中生网络道德教育时要进一步加强对初中生的教育引导，充分发挥教育主体的主导性。

（1）教育者要提升教育内容的吸引力，突出道德的引领作用。

第一，教育者不仅要用鲜活的、最新的网络事例充实内容，更要运用网络技术将其生动形象地呈现出来。教育者要尊重初中生的网络创意，重视网络语言和网络文化现象，主动消融与学生间的网络话语代沟，结合教师亲和力的天然优势，积极引导初中生参与互动。只有走进初中生的生活，从初中生多样化需求出发，用通俗的语言阐释深刻的道理，用熟悉的事例论证不熟悉的规律，才能将有意义的教育变得有意思，吸引初中生的关注度，从而进行更好的引导式教育。

第二，做好议题设置，突出道德的引领作用。在现代技术与道德教育的融合中，教育者要聚焦当下热点，利用网络技术凸显道德教育内容的表现力与感染力。如以当下疫情防控为背景，突出爱国主义教育主线，着重引导初中生感受中华民族的凝聚力。除此之外，教育者应充分做好课程思政，重点突出社会主义核心价值观教育、爱国主义教育、中华优秀传统文化教育等道德教育内容，以隐形教育的方式提升道德教育理论的魅力，间接引导初中生养成良好的网络道德品质。

（2）教育者应鼓励初中生深度参与，提高参与度。因网络平等、自由、开放的特殊性，网络道德教育中的教育主客体之间呈现角色转化的特征，初中生既是受教育者，也是网络道德教育的教育主体。因此，必须首先鼓励初中生积极主动地参与教学互动，才能进一步加强对初中生教育的引导力，从而在师生共创的和谐氛围中提升教育效果，增强教育能力。教育者可以利用超星学习通、麦可思智能助教、泛在学习网等智慧教育云平台，结合慕课、钉钉、腾讯课堂进行混合式教学，从初中生个体间的差异性出发，制定具有针对性的线上个性化学习课程，做到教育主客体间点对点、键对键的即时交流，这样不仅能够及时回应初中生的学习困惑，还能充分调动其学习热情和积极性，为引导初中生进行网络道德教育提供先行条件。

（三）丰富初中生网络道德教育内容

1. 坚持以社会主义核心价值观为导向

先进的科技水平和发达的信息技术为全球突破地域限制、实现同屏文化交流提供了可能，但也同时带来了不同思想汇聚交锋的新局面。各类思想观念的融合碰撞，不仅冲击着社会主义核心价值观的主流地位，也对初中生形成良好价值观念造成干扰。

核心价值观，其实就是一种德，既是个人的德，也是国家的德、社会的德。国无德不兴，人无德不立。如果一个民族、一个国家没有共同的核心价值观，那这个民族、这个国家就无法前进。社会主义核心价值观体现着国家和民族的文化理想和精神高度，是全社会共同认可的、衡量个体价值行为的重要标准。而长期以来，在我国，思想政治理论课都是推进社会主义核心价值观入脑入心的主渠道，对初中生形成积极、正向的世界观、人生观和价值观有着直接影响，具有独特的正面教育优势。因此，要加强初中生网络道德教育，就要充分发挥思想政治理论课主渠道主阵地作用，运用强大的正面教育功能，有效引导初中生坚持社会主义核心价值观导向，培养其形成正确的价值理念，从而以理论指导实践，提升初中生的信息甄别能力和道德判断力，帮助初中生自觉摒除外来不良信息和错误思潮，规范自身网络行为，养成良好上网习惯。

（1）要结合思政课教学传导主流意识形态，确保社会主义核心价值观主导地位永不动摇。伴随我国发展进入新阶段，初中生思想观念、理想信念、价值理念也随时代演变而产生新的变化。互联网自由性、开放性和包容性等特征与初中生渴求新鲜事物的心理特性相契合，促使一些不法分子和敌对势力蠢蠢欲动，打着学术交流的旗号渗透错误思想。面对这些不良信息，学校教育者绝不能忽视，要主动参与争辩，以课程讨论、情境再现、教学举例等方式来帮助初中生科学辨析层出不穷的新观点、新思想，从正面旗帜鲜明地指出这些错误思潮所隐藏的实质，促使初中生认清这些文化背后不怀好意的政治意图，在比较与博弈中巩固社会主义核心价值观的主导地位。在辨析之余，教育者要充分发挥思政课的理论武装和价值引领作用，通过课堂学习向初中生传递科学的世界观、人生观和价值观，从而引导初中生逐步确立自己的信仰，自觉践行社会主义核心价值观。

（2）在思政课教学中，应以网络用语推进社会主义核心价值观话语亲和力。泛娱乐主义盛行使网络生活以娱乐化、符号化、数字化的话语形式表现出来，以往严谨理性的理论知识和政治言论难免会因枯燥而被初中生忽视，因此，在将社会主义核心价值观教育内容融入思政课教学或实践活动中时，可以把握好娱乐与知识的度，提取网络流行话语当中的有益因素，将艰涩的理论知识通俗化，这样不仅能使思政课堂更具趣味性、活跃性，提升教育效果，也能轻松易懂地将主流价值理念传递给青年初中生，还能推广普及它在青年群体中的影响力，稳固社会主义核心价值观的主导地位，促使初中生自发、坚定地维护政治立场，树立积极良好的网络道德价值观。

（3）引导网络道德实践，倡导初中生自觉践行社会主义核心价值观。理论一旦脱离实践，只能沦落为空洞无用的纸面文字，唯有落实到实际行动中，社会主义核心价值观才能焕发生机，拥有新的生命力，因此，无论是在学校的思政课堂上，还是在课外的日常网络生活中，教育者都要坚持实践导向，在为初中生提供正确理论指引的同时，更要推动初中生实践精神的养成，引导初中生将社会主义核心价值观融入生活的角角落落——从每一句网络用语，到每一个社交平台，由小到广，以此让初中生在实践中充分认识到社会主义核心价值观的先进性和科学性，继而做到自觉厚植爱国主义情怀、自主培养网络诚信意识、自发树立崇高理想信念，在实践中不断地完善理论，达到自觉践行社会主义核心价值观的教育目的。

2. 丰富新时代爱国主义教育

爱国主义教育既是道德教育的核心内容，也是学校思想政治教育的重要内容。一方面，爱国主义是短暂的，是随社会更迭而时刻演变的，是一定历史时期的特殊反映；另一方面，爱国主义又是深厚恒远的，是人世间最深层、最持久的情感。新时代爱国主义教育是实现中华民族伟大复兴的精神支撑，既要融入时代背景，又要突出当代主题。因此，伴随我国进入新发展阶段，学校也应与时俱进地丰富新时代爱国主义教育内容，把握新方向，领悟新内涵，从而引导初中生坚持爱党、爱国、爱民族和爱社会主义的高度统一，提高网络道德教育的实效性。

（1）以思政课为主阵地开展爱国主义教育。思想政治理论课是爱国主义教育的主阵地。学校在开展爱国主义教育时，应当充分发挥思政课的主渠道作用，在课堂教学中直观地为初中生传递爱国主义理念，培养其爱国主义情怀。在时代的长河里，爱国主义既是一个永恒主题，更是一个动态的历史范畴，在不同的历史时期和不同的社会发展阶段，展示出不同的具体内容与时代特征。而对新时代初中生来说，爱国主义的本质就是爱党、爱国、爱民族和爱社会主义的高度统一，唯有时刻谨记这一鲜明主题，才能在开展爱国主义教育时把握好方向，从而确保初中生无论是线上线下，还是课堂内外，都具有高度的政治认同感和浓厚的家国情怀，助力初中生良好网络道德素养的养成。

（2）增强爱国主义教育主体的吸引力。在开展爱国主义教育的过程中，不能仅靠单纯的理论灌输，更要在线上结合时政案例和社会热点问题来引发青年群体的关注度和讨论热情。初中生思想活跃、思维敏捷、观念新颖，探索未知劲头足，接受新生事物快，主体意识、参与意识强，学校要契合相应特点，在开展思政课教学活动时以侧重案例分析的方式，针对网络部分侮辱爱国主义的具体事例展开教育，从而帮助初中生养成批判性思维，逐步习惯以谨慎的态度面对网络信息，在潜移默化中做到自觉抵御外来势力的蛊惑和煽动，更加理性地弘扬爱国主义精神。

（3）深化爱国主义话语的感染力。话语是意识形态的外化形式，是价值取向的符号化表达。在新时代，深化爱国主义话语的感染力，就是运用互联网将爱国主义话语体系通俗化，使爱国主义教育紧跟时代趋势，更富有网感，让初中生在潜移默化中接受熏陶，这就要求学校要推进爱国主义话语感性化、亲民化和日常化，将爱国主义情怀萦绕于初中生日常生活的方方面面，引领社会趋势。学校要及时运用网络流行语言，结合思政课教师的亲和力，以更接地气的表达方式、感性化的词语结构来增强爱国主义话语感染力，使初中生不再将爱国主义视为高高在上、苍白无力的宣传语，而在实践中充分感受爱国情怀，感受祖国的强大实力，于耳濡目染中自觉践行爱国主义精神，自发弘扬爱国主义情怀，扩大爱国主义教育在青年群体中的影响力。

（4）增强爱国主义教育的视觉冲击力。在互联网领域，爱国主义正通过动漫音乐、视频绘画、文学戏剧、图片文字等多样化形式反映着时代特色，丰富多彩的内容和富有艺术气息的独特表达方式为爱国主义赋予新的时代之魂。优秀的影视作品以精致唯美的画面和激情紧凑的剧情带给青年初中生强烈的视觉冲击，引发青年群体的热烈讨论，一时之间各大社交平台感慨纷纷，年轻的初中生方才醒悟，生活在和平国度是一件多么幸运的事。教育者可以运用这种渲染氛围的方法，在充分整合线上资源与课程内容的基础上，将爱国主义精神贯穿德育工作始终，不断创新网络道德教育的表现形式，以更富人情味和更接地气的方式生动形象地演绎爱国情怀，从而持续增强初中生网络道德教育的视觉冲击力和感染力，推动构建新时代初中生爱国主义的思想认同和实践认同。

3. 发挥中华优秀传统文化育人作用

一个国家如果没有属于自己的民族文化，就等于丧失了精神支柱，人民没有灵魂，整个社会就会失去凝聚力和生命力。中华优秀传统文化教育占据我国教育的核心地位，也是初中生网络道德教育内容的重要内容，对初中生正确的世界观、人生观、价值观的形成提供了有益借鉴。要加强对中华优秀传统文化的挖掘和阐发，使中华民族最基本的文化基因与当代文化相适应、与现代社会相协调，把跨越时空、超越国界、富有永恒魅力、具有当代价值的文化精神弘扬起来。

在网络空间中开展中华优秀传统文化教育活动时，应以家国情怀教育为核心，培养初中生的民族精神和社会责任感。面对个人成长，从"天行健，君子以自强不息"，到《孟子》的"生于忧患，死于安乐"，再到《后汉书》的"有志者，事竟成"，都旨在提醒青年学生谨记忧患意识，时刻铭记自强不息、艰苦奋斗的民族精神；面对国家兴亡，中华儿女向来不惧不悔，誓与国家共进退，由"人生自古谁无死，留取丹心照汗青""苟利国家生死以，岂因祸福避趋之"到"捐躯赴国难，视死忽如归"，都鲜明体现着中华民族为国献身的大无畏精神。这些气势磅礴、情感深厚的爱国诗句，强烈引发初中生家国情怀的共鸣，使初中生积极参与到社会主义现代化强国的建设中，自觉肩负中华民族伟大复兴的历史使命。

引导初中生提升自我道德修养，完善个人品质，是开展网上中华优秀传统文化教育活动的重要内容。"君子之处世，疾名德之不章。"暗喻人与人的交往，须以好的德行作为基础；"见贤思齐焉，见不贤而内自省也。"唯有时刻谨记自省，才能形成良好的品格；"古之君子，其责己也重以周，其待人也轻以约。"古代有道德修养的人，对自己严格，对他人宽容，隐喻严以律己、宽以待人是提升道德修养的重要原则；"莫见乎隐，莫显乎微，故君子慎其独也。"慎独与自省是加强道德修养的重要方法，哪怕在无人监督的情况下也能抑制自身欲念，恪守法律规章，遵守道德守则，这才是拥有高尚品德的君子所为。《礼记》有云："德润身，心广体胖。"良好的道德有益身心。青年初中生要在中华优秀传统文化的蕴养下，坚守"慎独"之心，自律、自觉、自主地遵守道德规范，才能完善个人道德品质，促进身心的全面发展。

运用网络进行中华优秀传统文化育人，帮助初中生树立诚实守信的高尚道德价值观。

"信"，意为诚实守信，是中华民族传统文化的精髓。《论语》中提到"人而无信，不知其可"，特指诚信是一个人"人之为人"的本质；"言必信，行必果"，做人要守信用，行事要果断，这是为人处世的基本准则；欧阳修认为"守者道义，所行者忠信。"做人的目的，就是坚守大道大义，奉行忠诚、信实。由此看出，诚信文化自古以来就是中华民族的宝贵精神财富。新时代青年初中生理应传承优秀文化，加强诚信意识，树立诚实守信的理想信念。司马迁感叹："'高山仰止，景行行止。'虽不能至，心向往之。"即便目前做不到，也要以此为目标，树立高尚的道德价值观。

中华优秀传统文化是中华民族的精神命脉，是古人高尚德性与才辨智慧的汇集体现。这份在历史进程中不断完善与沉淀的精神财富，在网络信息高速发展的科技时代，仍在发扬光大，为初中生道德品质的形成提供更多的理论支撑——从"先天下之忧而忧，后天下之乐而乐"体现的社会责任感，到"生当作人杰，死亦为鬼雄"的气节追求，从"燕雀安知鸿鹄之志"的理想信念，到"路漫漫其修远兮，吾将上下而求索"的不畏艰险、勇于探求真理的坚韧精神，历史足以证明，优秀传统文化是一个国家、一个民族传承和发展的根本。在网络空间中将中华优秀传统文化与初中生网络道德教育有效融合，不仅促进中华优秀传统文化的传承与发展，更有助于初中生在网络空间中形成正确的世界观、人生观和价值观。

4. 拓展初中生网络安全教育

任何事物都有正反两面。伴随网络技术的迅猛发展，互联网在带来海量知识、便利生活、文化娱乐化等优点的同时，网络安全隐患也在日益凸显。随着网络诈骗手段层出不穷，错误思潮隐匿渗入，判断力薄弱、价值观念尚未成熟的初中生不幸成为被宰的羔羊，频频被网络陷阱所束缚。因此，为营造一个健康良好的网络空间环境来帮助初中生身心健康全面发展，教育者应从网络意识形态和网络行为两个方面来加强初中生的网络安全教育，确保知行合一，从而使初中生树立网络安全的自我保护意识，提高网络安全防范技能，为加强初中生网络道德教育提供安全保障。

（1）加强初中生网络意识形态安全教育。意识形态工作不仅关乎党和国家的政治主导地位，更关系到学校培育时代新人的历史重任。要提高初中生网络道德教育，就要从思想上增强网络安全意识，重点开展网络意识形态安全教育，警惕西方势力的思想渗入，推动初中生自发、自主、自觉抵御外来风险。

第一，要加强初中生网络法律法规教育，为网络意识形态安全教育提供理论基础。随着法律条例的颁布，标志着我国网络空间规范化建设的不断发展，虚拟世界不再是法外之地，任何怀揣侥幸心理的违法行为都不能姑息，将依据法律严厉处罚。在开展初中生网络道德教育工作时，要普及关于网络安全的法律法规教育，培养初中生树立正确的法治观念，做到线上线下、课内课外都要依法行事，增强网络法律意识，从而使初中生自觉遵守网络法律规范，规范自身网上行为。

第二，要丰富网络意识形态教育内容，创新教育形式。网络意识形态教育内容不仅要符合时代需求，更应与时俱进，不断完善发展。在新的时代背景下，要提高初中生的主流价值观认同。在内容方面，弘扬社会主义核心价值观的主流价值理念，对网上部分负面言论和热门舆论进行批判式分析，帮助初中生厘清敌对势力的不良意图，除此外还应加强以正面引导为主的榜样示范教育，多传播正能量，促使初中生在批判与颂扬的双重模式下站稳政治立场，把握政治方向；在形式方面，应与网络多元化的表现方式相结合，借助短视频、音乐创作、文学绘画等方式将网络意识形态教育趣味性地传递到大众视野内，使教育工作在轻松愉快的氛围里展开，不必非要正襟危坐，从而有效提升初中生关于网络意识形态教育的学习效率，提升对西方意识形态的免疫力。

（2）加强初中生网络行为规范教育。网络行为规范是依据网络文明公约而直接约束个体网络行为的道德规范。加强初中生网络安全教育，不仅应从思想上引导，还要从行为上进行规范，教导初中生明确基本的网络道德准则，懂得网络恶行会对他人及社会造成严重不良影响，从而自觉提升对自我网络行为的关注度，自发肩负起净化网络的时代使命，这既有利于培养初中生身为网络主人翁的社会责任感，又能增强初中生网络道德教育的实效性。

第一，帮助初中生明确网络行为规范的基本准则，恪守道德底线。在开展网络安全教育时，要激发初中生由心而出的内在约束力，培养初中生在虚拟世界的共情意识，做到将心比心、设身处地地思考自身网络行为将会引发的后果，明白在虚拟世界可以随性，但不能随意的原则。初中生应意识到，一旦个体引发网络诚信危机，导致违法乱纪行为产生，这不仅会伤害到网络个体，更会破坏集体利益，严重危害到社会及国家。因此，要加强初中生网络规范教育，督促初中生认真学习关于《网络安全法》的法律法规，明确互联网所禁止的八类活动和七类行为，杜绝做出危害网络安全的行为，坚决恪守道德底线，遵守行为规范，为营造一个有序、文明、和平的网络空间贡献出自己的力量。

第二，培养初中生净化网络空间的社会责任感。伴随网络从作为一项先进技术问世，到发展为当代社会群体生活的全新领域，初中生的身份地位也随之转变，由单纯的网络使用个体变为网络的共存者和建设者。初中生既是虚拟世界的一分子，又是推动网络空间规范化的建设者，在享用丰富资源、拓展网络视野的同时，有义务承担维护网络空间秩序稳定发展的社会责任。如果在网络世界内，每个社会个体都只顾无限挥霍网络权利，而置网络环境于不顾不理，那长此以往，必定只会造就一个脱离控制、乌烟瘴气的网络空间，最终反而将危害反扑到个人身上，严重破坏网络社会的平衡发展。因此，初中生要自觉担负时代重任，率先规范自身网络行为，提高道德自律意识，再通过日常点滴里的一言一行维护网络秩序和平稳定的运行，达到实现个人与网络共发展的双赢成果。

（四）营造良好的社会道德环境

构建网上网下一体、内宣外宣联动的主流舆论格局，建立以内容建设为根本、先进技术为支撑、创新管理为保障的全媒体传播体系。建立健全网络综合治理体系，加强和创新互联网建设内容，落实互联网企业信息管理主体责任，全面提高网络治理能力，营造清朗网络空间。初中生网络道德教育是一项长远且系统的课题，除了发挥学校教育的作用外，还需要国家进一步构建健全的网络道德法规，坚持正确的网络舆论导向，需要社会的进一步关注以及发挥道德模范的榜样示范作用，才能在网络空间中建设良好的社会道德环境。良好的网络道德环境对初中生综合素质的提高具有重要作用，加强初中生网络道德教育既是培养造就新时代人才的必然要求，也是维护社会和谐稳定、维护国家网络安全的重要保障。

1. 面加强网络治理

（1）推动建设绿色有序的网络空间，构建新模式。信息时代，互联网已成为各类思想文化、资本利益汇聚的重要集散地，在带来先进技术、便捷生活、文化交融、思想交流的同时，也接连导致社会矛盾激化、舆情形势复杂等矛盾产生。网络不是道德问题产生的根源，但是网络道德教育是初中生思想政治教育的重要领域，在这个思想激荡、价值观碰撞、意识形态冲突的主战场，唯有完善相关法律法规，健全网络安全机制，运用网络技术建设有序的网络空间，才能更好地助力初中生网络道德教育，创新网络教育新理念，开辟网络育人新模式。

第一，坚持协同共建。学校是意识形态工作的前沿阵地，是加强初中生思想政治教育的主阵地，也是加强初中生网络德育的重要渠道，但学校教育并不是唯一渠道，在新的融媒体时代，要充分利用好网络媒介，在学校教育的基础上融入社会教育和家庭教育，构建强有力的教育外部合力。同时，吸收和借鉴互联网平台上优秀的国外教育思想和现代化教育模式，但应注重教育内容的整合与筛选，取其精华，去其糟粕，与我国传统教育思想互补融合，从而创新我国网络道德教育发展新思路。信息网络的实时性、开放性和包容性，为网络道德教育新模式的实现带来了新可能——联合校内校外共同教育、融合国内国外优秀教育成果、采用网上网下一体的方式有序地开展初中生网络道德教育，三重教育模式齐头并进，形成"1+1＞2"的叠加效应，这将会极大地增强网络道德教育的吸引力，从而使学生接受度更高，提升网络德育的实效性。

第二，做好后台的技术保障。多元思潮的冲击致使我国意识形态领域的斗争依然复杂，网络空间内仍有不和谐的声音时有产生。错误思想和错误观点的出现为筑牢初中生网络安全意识敲响警钟，这就对网络系统的管理工作提出更高的要求，社会各方不仅应完善校园网络信息安全技术，提升信息过滤功能，也要加强对线上各类思想的分析研判，严格消除校园贴吧、微博、微信公众号等平台可能出现的不良信息，在技术层面上消除错误思想发酵的苗头。学校肩负着培养社会主义时代新人的重大任务，只有先筑牢学校意识形态主阵地，才能进一步营造一个有序、绿色、健康的网络空间，从而推动初中生网络德育的良性发展，构建风清气正的和谐社会。

初中生经受着信息浪潮的冲刷，其价值观念和理论认知的形成也比其他社会群体更受网络影响。因此，为有效加强新时代下的初中生网络道德教育，就需要在充分利用网络技术和资源的基础上将教育者与教育对象相互连接，借助网络的共享性和互动性，打造一个资源丰富、内容新颖、信息安全、交流规范的网络道德教育环境，不仅确保线下教育课程的时效性，也要确保线上教育的实效性，实现网上网下一体化，为帮助初中生摒除错误思想，形成正确的价值观念和良好的道德认知奠定基础。

（2）深化网络法治理念，严格执法。法律是最高的社会规则，是维护我国网络社会安全稳定、各项网络产业蓬勃发展的最强有力的武器，也是捍卫网络使用主体权利和利益的工具。互联网不是法外之地，网络内容和网络言论不能突破法律和公序良俗的底线，要在法律法规的框架下构建。唯有认真学习法律法规，加强法律法规在互联网中的制定和运用，深化青年初中生在网络空间中的法律意识，为更好地引导初中生进行网络道德教育提供保障。

另外，严格执法，确保相关法律法规要落实落地。我国出台的一系列有关网络空间道德建设的法律法规，为加强初中生网络道德教育提供法律保障，做到有法可依、有章可循。但确保规章制度能够仔细严谨地实施到每一位主体、每一个角落中，仍然是一项漫长而艰巨的任务。在执法过程中，执法人员要充分发挥法律的强制性作用，对待网络空间内的低俗内容和恶劣行径严加处罚，绝不能手软。执法人员要严加查处，拒绝大事化小，小事化了的懈怠忽视。如微博直播平台上的侮辱革命英雄、亵渎国歌红旗等网络恶意事件，一经发现，立即按照相关法律进行封号拘留等严厉处罚，在维护网络空间风清气正的同时，也提高我国法律的威信力。

（3）有针对性地完善网络法律法规。法律法规的严谨性决定其从制定到颁布需要一定时间，而迅猛发展的信息技术又使得网络世界日新月异，每天都有新的问题产生，因此网络法律法规的制定要针对新时代初中生网络道德教育的新特征进行预判性补充，以达到时效性和实效性的有机统一。完善网络法律法规，是提升网络空间内初中生道德素养的第一步，也是最基础的一步。通过健全法律法规，将法的强制性和威慑性与德的自觉性和感化性充分结合起来，使初中生自觉约束上网行为，明确网络是非观念，从而推动初中生网络道德教育的良性发展，培养更多能自觉维护网络道德生态的"护林员"，形成我爱我网的治理局面，让初中生自身成为网络空间道德建设的主人翁。

除此之外，可以参考并学习国外互联网道德方面的法律法规。网络技术作为国内新兴技术，是没有前人经验可以借鉴的，但国外作为互联网的发源地，经历了一定时间的技术发展，其法律体系的构建应当较为成熟。在借鉴和吸收过程中，要注意合理有度，应针对我国具体国情，在坚持马克思主义主流意识形态的前提下学习其优秀成果，完善我国现有的网络法律和规章制度，从而构建一个能够长久运行的、科学有序的现代化网络法律体系，为加强初中生网络道德教育提供充足保障。

2. 坚持正确的舆论导向

（1）坚持党管媒体原则。意识形态工作是党的一项极端重要的工作。若是不严抓互联网的新闻舆论阵地，就会导致网络言论的过度自由和过激化，进而给外来错误思潮以可乘之机，严重影响初中生世界观、人生观、价值观的形成。各级党报党刊、电台电视台要讲导向，都市类报刊、新媒体也要讲导向；新闻报道要讲导向，副刊、专题节目、广告宣传也要讲导向；时政新闻要讲导向，娱乐类、社会类新闻也要讲导向；国内新闻报道要讲导向，国际新闻报道也要讲导向。主流媒体要坚持党性，坚持正确的政治方向，在思想和行动上坚决同党中央保持高度一致，维护中央权威，绝不做培育错误思想言论的温床。

（2）坚持正面宣传为主的重要方针。新闻舆论工作者应在习近平新时代中国特色社会主义思想的指导下开展新闻工作，在事关大是大非、政治原则的问题上时，要勇于挺身而出，高举真理的旗帜，去除诋毁我国、威胁人民的杂音噪声，为维护国家利益而发声。另外，要坚持内容为王，在舆论报道中发扬积极向上的网络文化。新闻媒体不能一味只注重内容的趣味性而丢失底线，而要在提升传播内容的质量和水平的基础上，多宣传能够鼓舞初中生、激励初中生的先进典型和感人英雄事迹，传播社会正能量，弘扬爱国、和平、友爱的主旋律，从而增强初中生的民族凝聚力，帮助初中生抵御外来不良信息和错误思想文化的侵蚀和影响。

（3）联结搭建主流舆论综合平台。融媒体时代，以手机、Pad等移动设备为主的应用是初中生接触新闻舆论的主要渠道。然而，社交媒体平台本身的病毒裂变式传播机制致使传播内容碎片化，信息繁琐难以整理，热爱快节奏生活的青年初中生往往只是浅层浏览，很难深入地直接接触到主流声音。因此，要突破传统媒体格局，以主流伦理道德和核心价值观为纽带，联合微博、微信、抖音、QQ等信息载体，搭建一个符合时代要求和人民需求的主流舆论平台，以此来有效引导热点话题和突发事件的舆论导向，将主流价值观融入虚拟生活，形成主流舆论的强大力量。

（4）完善舆论监督。在新的时代背景下，互联网信息泥沙俱下，鱼龙混杂，致使网络舆论监督内容较多，难度较大，专业性较强，要完善我国的舆论监督，就要加强自上而下的多元化舆论监督体系的建设。纵向来看，要加强自媒体到个人、自网站到软件的舆论监督；横向来看，要做好从举报到受理到反馈的舆论监督流程，加强各环节的审查工作，确保举报信息的真实性与准确性，在及时审理举报舆论的同时，做好相应的后续反馈工作，从而提升监督效力。网络舆论监督体系的完善，对主流意识形态在我国舆论的主导地位的巩固提供强有力的支撑，也对营造风朗气清的网络空间有进一步的推动作用。

3. 加强新时代榜样教育

榜样教育是指受教育者通过学习榜样的先进事迹，从而使自己加强思想道德建设的一种教育举措。新时代，思想政治工作者不仅要在道德模范的引领层面，加强初中生的榜样教育，而且党和政府也要加强引导作用和示范作用，使初中生树立正确的道德观、人生观及价值观，在以后的工作岗位上爱岗敬业、锐意进取，奉献自己的力量。

（1）在道德模范的精神引领层面，加强榜样教育。一个人道德观念的形成大多是通过社会学习来实现的，然而在此过程中，最重要、最有效的举措就是榜样教育，称之为道德榜样教育。道德榜样教育是指某个人或某个团体的道德行为成为其他人学习和模仿的行动指南，相比于其他的道德模范教育，道德榜样教育更具有生动性、鲜明性及时效性。它能够使受教育者轻易理解、深刻掌握道德行为准则，并使他们感同身受，切身体会到道德的力量，因而具有深刻、有效的引导作用和教育作用。所以在对初中生进行道德教育的同时，一定要加强榜样教育，选择榜样案例，不仅要选择典型案例，而且还要选择贴近初中生实际情况的生活案例，如此才能满足初中生的需求，引导初中生树立真正的道德观。

（2）加强政府的引导能力。政府对网络空间中道德榜样的发挥具有强大的引导功能，机制的完善，各个相关组织功能的发挥都要经过政府的同意，对典型榜样的树立，不应该完全由网民自发地宣传，而应该通过政府及相关职能部门加强引导，这样才能发挥道德模范的最大功效。因此，政府要建立健全体制机制，既要加强网络空间的净化，还要加强引导，在政府的引导下，学校更应该加强初中生的网络道德教育，注重道德榜样在初中生中的宣传与教育，通过初中生喜闻乐见的形式，例如，把文字的表述转化为图片、音视频、动画等形式，既可以带来感官上的体验，还可以加深影响。因此，政府职能部门，一定要健全制度保障，才能发挥好引导示范作用。

（3）加强榜样文化的引导。榜样的力量深深地引导着亿万民众，而网络空间更是发挥社会主义精神文明的主要阵地，因此，加强网络空间中榜样文化的引导，对初中生的网络道德教育具有重要的作用。在网络空间中要营造典型案例，把对榜样人物的事例宣传作为文化引导的一种，发挥这些人物的推广作用，可以更好地激发初中生的真善美，让网络文明之花遍布全网，并在实践中得到检验。榜样文化作为一种精神，一直激励着初中生，是一个时代的象征，更是一种文明的传承，在网络空间中加强对初中生的道德引领，有利于促进自身价值观与榜样文化承载的核心观念同向而行。

在网络空间中加强榜样人物的宣传就是榜样文化的一种，如我们的抗疫英雄钟南山院士，他为国为民的品质，把责任、担当、科学、无畏表现得淋漓尽致，在国家和人民有难的时候不顾危险，挺身而出，奔赴一线，有使命、有担当，将这种榜样人物的事例转化为榜样文化，值得初中生在网络空间中转发、学习，实现榜样文化的价值引导。对榜样文化的筛选与管理，更应该做到有思想深度、有品质高度，有理有据，这才能展现榜样文化的价值引领。加强初中生的榜样文化引导，既可以增强他们对主流价值观的认同感，又可以通过对榜样的学习，形成潜移默化的效果，在学习和生活中加以利用，提高自身道德修养。

第三章　生态道德教育及其发展策略

第一节　生态道德与生态道德教育

一、生态道德及其建设意义

生态道德反映人类保护自然环境的道德渴求，具有普遍约束性，是道德范畴中具有特殊含义的一部分。作为生态文明建设内容的重要构成部分，需要对其概念进行系统的把握。只有对概念有深刻的把握，才能探究其内涵。

（一）生态道德的本质属性

"道德教育是一种育人成人的教育活动，帮助个体树立道德理念和塑造道德品质，使其发展成为具有向善向美魅力人格的人。"[①] 生态道德的产生源于人类对所处环境状况的自我检讨，以及对环境破坏行为的深刻反思。这种道德反思迫切需要人类对大自然树立起一种人道主义的态度。故生态道德的本质是关于人的道德哲学。生态道德作为一种行为规范，其目的是从基本的生态道德观出发，引导人们自觉养成保护环境相对应的生态道德习惯，并包含要解决的矛盾。其意蕴在于调整自然和人的关系，将维护生态系统平衡的意识、观念、行为进行综合，要求人们将善恶、美丑、良心等道德观念延伸到自然生态的范围。

在处理与自然的关系中，一旦渗入人的情感和意志时，便能成为人类自觉履行的义务，同环境的关系中能起到约束和指导作用。实现人与自然的协同进化，是共产主义社会中人道主义的最高理想。生态道德强调，在道德上关注人与自然、社会之间的关系，并对其抱有责任感与义务，不能任意地破坏自然环境。其本质也是满足人道主义理想的构建，是关于人文明的道德哲学。

---

① 周青青：《试论道德教育的文化底蕴》，《金华职业技术学院学报》2022 年第 22 卷第 2 期，第 31 页。

（二）生态道德的基本特点

生态道德作为道德中的一种，既包含有道德的特性，又不仅仅局限于普通的社会公德的功能。

第一，历史性。由于所处的时期和经济发展条件的不同，社会中关于道德的评价标准也存在差别，所以对生态道德的标准规范要求也不同。经济的发展需要依靠思想观念的引导，而生态道德是依靠科学技术和经济社会发展，处于不断的变化发展之中的。所以生态道德是具有历史性特点的。

第二，阶级性。在特定阶级社会中，统治阶级的道德意识在时代中占据统治地位。我们处于社会主义初级阶段的生态文明建设时期，人民群众作为推动历史发展的主体，自然应当承担起生态文明主体所需要的道德责任，去指导规范人们以什么样的道德标准约束自身行为。所以生态道德又具有明显阶级性的特点。

第三，渗透性。人是一切社会关系的总和。人类在发展的不同历史时期和生活的范围里，都包含了人、社会、自然三者间的关系。人类社会是实践的、是历史的，社会的稳定都需要通过道德来进行调节。道德调节具有全面、长期的特性，能够长时期潜移默化影响人的行为，因故生态道德一旦建立，也具备渗透性特质，贯穿社会发展各方面。

第四，稳定性。在漫长的人类文明历史进程中，人类社会不断向前发展，并随之渐渐形成了自己的文化民俗。民俗是经过时间洗涤所形成，不轻易发生变化的一种文化意识，具有较强的稳定性。人类作为文化的继承者，将文化、道德、民俗进行联合，共同构成了稳定的道德观念。所以当生态道德一旦形成便会长期存在，便能够持续地以观念意识去规范人们的行为，长远发挥其影响。

第五，自律性。法律依靠国家的强制力实施，而道德是需要人们的信仰来维持。生态道德的自律性是具有普遍作用的基础意识，具体体现在禁止破坏环境，并需要全社会共同推动、倡导爱护自然的道德观念。生态道德的自律性体现在法律未能约束到的地方，人们能够自觉遵守，并起到积极有效的作用。生态道德的自律性在维护人类共同利益，保护国家地区民族的稳定安全方面具有长远意义。

（三）生态道德的主要内容

生态道德是包含生态道德观念、生态道德情感、生态道德意志和生态道德行为的整体，与生态文明的绿色发展要求相适应。

1. 生态道德观念

人们对环境问题的判断与评价，在实践过程中处理人与自然之间关系的道德规范，都属于对生态道德观念的把握。只有通过传授相关生态知识、灌输道德知识，才能将知识内化为生态道德的观念。只有通过观念的认可，才能自觉将其纳入现有的道德标准体系中，最终转换为自己行动的指导，观念的更新是行为的前提。生态道德观念包含生态价值观、生态资源观、生态道德观。所谓生态道德观是指以维护人与自然和谐相处，维持生态系统平衡，尊重自然的道德意识观念。而生态资源观是指在发展生产和消费的过程中，以可持续发展模式，协调经济发展与环境保护，树立资源节约利用的观念。生态价值观是坚持人与自然和谐相处的一元文化价值观，在可持续发展下，使经济、社会、生态等全面均衡发展。树立尊重、爱护自然的生态文明理念，贯彻于环境保护全过程。

2. 生态道德情感

我们的生产和生活都离不开生态环境，无时无刻不消费着生态环境资源的价值，所以我们有义务培养保护环境的责任感和义务感。保护自然的道德情感体验是依据人的实践活动判断是否符合发展需要。生态道德情感的培养需要以观念为基础，同时还需要通过实践活动的不断累积去加深。在实践活动中产生对自然的敬畏，号召热爱环境的责任感使命感，并不断具体将其概括，便形成了生态道德情感。生态道德情感是以情感为中介，对生态环境的思考，是对生态美的一种追求。虽然情感属于意识层面内容，无法直接转化行为，但生态道德是具有稳定性的。只有在实践中，保持对环境的敬畏之情、热爱之情、道德之感，并将这种具体的生态道德的情感和德性不断沉淀，督促人在发展的过程中谨慎思考对环境影响与破坏，才可以形成对自然的持续性道德关爱。

3. 生态道德意志

意志是为实现一定行为所做出的自觉反映，是实践过程中一种能动的精神。生态道德是人在履行生态道德的义务中，排除各方干扰因素，对某种情感的不断强化坚定，为实现保护环境的道德行为所做出的自觉。这时候的意志是具备道德特性的实践精神。当一个人以坚强的意志力始终贯彻正确的环境道德行为，并持续作用，说明这个人已经具备了坚定的生态道德意志。只有在环境保护中坚持以全人类利益为信念，坚定正确的生态道德意志，才能在生态保护中自觉履行道德义务，遵守道德责任。

4. 生态道德行为

行为作为认知情感的外在表现形式，也是体现实践目的的一种表现手段。生态道德行为是以生态道德观念为基础，衡量生态道德认知水平，体现生态道德情感驱动，反映生态道德意志高低的标志。只有落实到实践行为，意识才能发挥其真正作用。实践是认识的最终目的，是人活动所存在的方式。认识只有落实到实践中才具有存在的价值，生态道德的意识观念培养最终是为了回归到具体实践活动。生态道德行为是能够指导物质实践，促进发展，保护环境、维持生态系统平衡的实践活动，是主观与客观的行为。生态道德行为又是以保护生态、保护环境为己任，充分反映道德认知水平、道德义务情感，具有改变社会、推动人类社会历史向前发展的实践活动。

（四）生态道德建设的意义

"生态文明是当代人类文明的新形态，而生态道德是生态文明的重要组成部分，只有加强生态道德教育，才能唤起人们的生态良知，从而更加珍爱生命，善待自然。而只有处理好人与自然之间的关系，才能促进社会主义和谐社会的构建。"[①]生态道德通过协调人同自然的关系，确立人对环境的责任义务。

1. 生态道德建设是生态文明的基础

环境问题作为一项系统的动态工程，只有从生态文明背景下，约束人和自然的伦理道德，才能唤起对自然的保护。加强生态道德的建设，对维持生态平衡，对保护环境和推动社会可持续发展具有重要意义。生态文明的建设需要遵循一系列生态道德原则，坚持人与自然的协调发展。生态道德建设促使人认清危机，转变非理性的道德观，维护自然的平衡状态。而生态文明建设需要全民族提高生态道德意识，落实到具体行为规范，健全有关生态道德的评价机制。所以生态道德研究的基本问题也是生态文明的核心问题，都是以围绕人与自然关系展开的。生态道德建设能够为生态文明的发展提供伦理支撑。

2. 生态道德建设利于抵御污染输出

生态道德是随着生态危机的不断恶化所提出对自然的伦理思考，并在世界范围内逐渐引起广泛重视。发达国家通过资本的全球扩张，利用跨国公司的形式对其他国家进行污染输出。通过这种"污染输出"来转嫁污染，把公害转移到其他国家领土或者公海上。这种转嫁污染的直接结果，就是西方国家的污染越来越轻，发展中国家环境污染越来越重的局面，这种趋势还在持续。因此，生态道德的建设是对整个道德观念的提升，也是文明的新标志，不仅能够积极抵制西方的生态环境问题转嫁，还能提高对生态问题的辨别能力。

二、生态道德教育及其实现

在我国经济社会飞速发展的今天，由于人们生态道德意识的薄弱，生态环境问题也日益突出。在学校推进生态道德教育，对于培养学生的生态道德情感，进而形成良好社会风尚，形成生态道德终身教育和全民教育都具有积极的意义。

（一）生态道德教育的基本特征

生态文明是一种新型的社会文明形态，生态道德是一种新型的道德观念。生态道德既是生态文明的重要组成部分，更是生态文明的依托和精神动力来源。加强生态道德教育，进而使全民观念"生态化"，自觉形成保护生态环境的社会氛围，将有利于推动我国的生态文明建设。

---

① 唐文玲：《生态道德教育浅议》，《知识经济》2015 第 1 期，第 136 页。

生态道德教育是 21 世纪德育的重要课题。生态道德教育是教育者从人与自然和谐相处的原则出发，有计划、有组织地对受教育者实施生态道德影响，引导受教育者为了人类的整体利益和长远利益，自觉养成维护生态平衡、保护自然环境的道德意识、思想觉悟和道德行为习惯的德育活动。

生态道德教育是学校德育的重要内容，是教育工作者从人类整体利益出发，遵循"知、情、意、行"的逻辑顺序，通过生态科学知识的传授，逐渐提高学生的生态道德意识，培养生态道德情感，从而内化为生态道德品质，最终目的是使学生养成日常生态行为习惯的一种德育活动。学校承担着培育生态文化意识、塑造生态文化精神的重要功能，学校的绿色文化建设将影响着整个社会的生态文明进程。

生态道德教育是将生态道德知识内化为生态道德素质的过程，是新型道德教育活动，是德育的重要内容，也是教育活动的新领域。区别于传统道德教育，生态道德教育具有以下特征：

1. 人格教育特征

就生态道德教育的内容而言，生态道德教育是一种人格教育。现在，谁也不能否认环境道德是现代人的重要素质之一，是人格高尚的一种表征。传统的道德教育只注重人与人、人与社会之间的道德关系，是一种"人际道德"。随着生态环境的恶化，科学技术在促进社会进步的同时，也破坏了人类与自然环境之间的平衡状态。生态道德教育作为一种面向未来的，培养人类抉择能力的教育，承担起了培养"理性生态人"的责任。从生态道德教育本身来说，是利他主义的，并已经成为评价一个人道德素质和人格的标尺。一个人缺乏了生态道德，那么这个人的人格是不健全的。生态道德教育对于提高公民的道德素质和整个民族的文明程度都起到积极的作用。

2. 全民教育特征

就生态道德教育的空域性而言，生态道德教育是一种全民教育。生态道德教育突破了传统道德教育的界限，面向不同年龄层次的人群，不仅仅局限于学校的正规教育，还包括非正规教育。生态道德教育的目的在于使"生态文明的观念在全社会牢固树立"，为全社会的每一个人提供学习生态科学知识、学习保护环境的技能和价值观的机会。由于生态环境问题具有普遍性和复杂性的特点，它不是局限于一个国家或地区的问题，而是全球共同面对的问题。任何一个国家要解决生态环境问题都是困难的，而资本主义国家把环境破坏的责任推给发展中国家，由它们单独完成也是不可能的。保护生态环境，解决生态环境问题还需要加强国际合作。由于环境问题的全球性，生态道德教育突破了传统道德教育只按照特定国家的准则进行组织，而是突破了国家形态（资本主义国家和社会主义国家）、社会发展程度（发达国家和发展中国家）、阶级差别（资产阶级和无产阶级）的教育形式，生态问题是全球的共同责任，解决这个问题还有赖于广大人民群众。

生态道德教育是一种全民教育，应该面向大众、面向社会，提高公众参与的热情，形成全民爱护自然、保护生态环境的道德风尚。

3. 终身教育特征

就生态道德教育的时序性而言，生态道德教育是一种终身教育。生态道德教育作为一种全民教育，面向各个年龄阶段，包括学前教育、小学教育、中学教育、高等教育和继续教育。各个阶段、各个环节之间互相协调、目标一致，贯穿于一个人的一生，没有起点，也没有终点。从这个意义上说，环境道德教育不是一时一事的短暂的功利教育，而是一种全面的、持续的终身教育。学校的正规教育不能满足一个人能力的完全发展，随着时间的推移，对原有的知识会有新的解释，而且也会有新的思想和新的理论。

要改善生态环境，解决生态危机，最重要的是彻底改变人类的错误观念，实现人类道德观念的变革，培养生态价值观，提高生态道德素质，以正确的价值观为指导，自觉养成生态行为。但是人类这种根深蒂固的"征服自然"的观念不是一朝一夕就能改变的，将生态知识内化为生态素质，培养生态情感是需要时间的；环境问题是一个全球问题，其复杂性也不是一代人的努力就能完成的，而是需要全球公民世世代代的共同努力。因此生态道德教育是贯穿人的一生的教育，需要脚踏实地地、耐心地在内心播撒生态道德的种子，"活到老，学到老"。

（二）生态文明与生态道德教育的关系辨析

1. 生态文明建设呼唤生态道德教育

进入工业文明以来，科学技术的飞速发展给人类创造了源源不断的物质财富和精神财富，人们在享受着科技带来的成果，却忽视了环境问题的存在，忽视了生态危机给我国的经济发展、社会进步带来的危害。严重的生态危机呼唤生态道德教育。虽然我国已经开始重视环境问题的改善，也及时地采取了措施，但是对于环境问题关键在于"防患于未然"，等到环境遭到破坏以后再去抢救，投入的人力、物力、财力将远远大于预防。要杜绝环境的破坏就要从源头上防患于未然，要改变人们的错误意识和价值观。生态危机的本质是人的心态危机，是由于人类生态道德意识的缺失，而没有把人与自然的关系上升为道德评价，没有认识到人类对自然界承担的道德责任。只有当人们把对生态环境的保护转化为一种自觉的行为，成为一种习惯，才能从根本上解决生态问题。

学校作为教育的主要阵地，只有培养学生生态道德意识，在处理人与自然的关系中显示出人类的道德关怀，自觉承担保护自然、维护生态平衡的道德责任，进而形成一种社会风气和民族力量，形成全民族的生态道德意识，这才是解决环境问题的根本。

2. 生态道德教育促进生态文明建设

生态文明建设是具有可持续性的，是人类文明的新风。它表现在物质层面上，要改变过去掠夺自然的生产方式和生活方式，实现人与自然的和谐存在；在精神层面上，要改变人类中心主义的传统道德观，按照人与自然和谐发展的价值观念，实现人与自然共同繁荣；在制度层面上，要不断完善社会制度和规范，按照公平、平等的原则，使环境保护制度化。

推动我国的生态文明建设，需要全体公民具有较高的生态道德水准，树立生态文明观念。生态文明建设成功与否的关键在于全国人民的生态良知和内在的道德力量。而生态道德教育是生态文明建设的一项基础性工程，有利于我国国民生态文明意识的形成。意识是行动的先导，先有意识才能用于指导行动。生态道德教育就是要倡导一种尊重自然、善待自然的伦理态度，倡导一种保护自然、拯救自然的实践态度，倡导一种拜自然为师、循自然之道的理性态度。它能够唤醒人类的生态良知，开发人类的生态伦理潜能，开创崭新的环境精神面貌，使人类自觉将自然纳入道德关怀，承担对自然的责任。生态道德教育能够成功完成，人类强大的精神力量和道德力量就能够促进我国的生态文明建设。

（三）生态道德教育的实现方法

1. 生态道德教育实现方法的内涵阐释

（1）生态道德教育实现。生态道德教育实现，其简单意蕴在于通过开展生态道德教育实践活动达到生态道德教育的价值目标。它是道德教育者完成道德教育的任务，受教育者接受生态道德，并自觉加以履行的过程。生态道德教育是教育者根据生态道德一般原则和规范要求，有组织、有计划地向受教育者施加影响，把生态道德意识、生态价值准则等内化到受教育者内心之中，使之转化为每个受教育者内在道德的一种教育方式。生态道德教育的直接目的在于通过一系列具体实在的教育活动，唤醒受教育者的生态意识、生态智慧和生态能力；其终极目的就是寻求一种人与自然之间合适的关系模式，实现人类与自然和谐共处、同舟共济的道德目标。

因此，生态道德教育实现是指通过开展生态道德教育实践活动，真正唤醒人们的生态道德意识，达到人类与自然和谐共处、同舟共济的终极目标。

（2）生态道德教育实现方法。生态道德教育实现方法，是教育主体为实现生态道德教育目的，传递生态道德教育内容，在认识和影响教育对象思想和行为过程中所采用的各种方式，运用的各种手段和程序的总和，包括生态道德教育者施教所采用的方法和在教育者指导下受教育者接受教育及自我教育的方法。生态道德教育实现方法与一般方法的关系为特殊与一般的关系，因此理解生态道德教育实现方法的内涵，要充分结合一般方法的性质和特征进行理解，具体如下：

第一，从性质上看，生态道德教育实现方法是解决生态道德教育基本矛盾，实现生态道德教育目的和内容向教育对象思想转化和过渡的中介性要素。

第二，从存在形式上，生态道德教育实现方法与教育内容和目的有着完全不同的存在形态。生态道德教育目的、规律和内容等是以观念、知识等形态存在的，并对如何有效实施生态道德教育具有指导作用。而生态道德教育实现方法，一方面，以知识形态存在，因为生态道德教育实现方法是知识体系的具体运用，是一种由实践证实、又用于认识和实践领域的知识；另一方面，又以工具形态存在，这源于方法的中介性质，因为生态道德教育实现方法是教育主体为影响和改变教育对象的"桥梁"和"纽带"，教育主体就是借助于方法中介实现教育目的。知识形态承载了生态道德教育实现方法的本质和内容，工具形态则表现为生态道德教育实现方法的现象和形式。

第三，从形成过程上看，生态道德教育实现方法与生态道德教育实践活动相生相伴。科学的生态道德教育实现方法不是主观臆造的，它来源于客观世界，是在教育实践的基础上对客观事物发展规律的正确概括和总结。因此，生态道德教育实现方法是教育者世界观、方法论在生态道德教育实践活动的反映，是生态道德教育客观规律、实践原则的具体体现，这也是生态道德教育实现方法的实质所在。

（3）生态道德教育实现方法与方法论的关系。从关系概念上看，要深刻理解生态道德教育实现方法的内涵，必须准确把握生态道德教育实现方法与方法论的区别和联系。

从区别上看：一方面，是两者内涵上的差异，即生态道德教育实现方法是教育主体为实现生态道德教育目的，传授生态道德教育内容，影响和改变教育对象的思想、心理以及行为的活动形式、策略手段以及操作规则的总和，而方法论层面上的意义，它是对具体实现方法的概括总结和理论抽象；另一方面，是两者作用上的不同，生态道德教育实现方法作为连接教育者与受教育者的中介，对受教育者直接发挥着功能作用，而方法论则是指导人们如何择取和应用具体实现方法，这种理论上的指引或导向作用发挥是间接的。

从联系上看：首先，来源上两者都建立在生态道德教育实践活动基础上，都是实践活动的产物。生态道德教育实现方法的产生与形成、发展与变化，都与生态道德教育实践活动相生相伴、相依相随，教育者通过方法中介的运用，与教育者相互联系、相互作用，去解决教育目的与教育对象实际状况之间的差异和矛盾，从而更好地实现教育目的和效果。同时，教育者也只有在实践活动中不断总结、概括、提升具体实现方法运用上的经验教训，才能将其上升到科学的理论层面，其方法论体系才能进一步健全和完善，才能有生机、有活力。其次，两者又是相互依存和统一的，生态道德教育实现方法是其方法论的形成基础和研究对象，方法论是对方法的经验概括和理论抽象，没有方法也就没有其方法论；反之，作为学说或理论意义上的方法论，也会对生态道德教育实践活动起到指导和规范作用。

2. 生态道德教育实现方法的结构层次

体系性是方法的基本特性之一。生态道德教育实现方法作为一种具体的科学实践方法，也应具有其自身的结构层次。

第一层次，表现为生态道德教育实现的原则方法。这种方法是对正确选择具体实现方法提出方向性、方针性要求的方法，对生态道德教育实践活动具有方向上的指引、导向作用和行为上的规范、约束作用，如公平教育方法、终身教育方法等。它解决的是"如何更有效地设计或选择具体实现方法"。

第二层次，生态道德教育实现的具体方法。这种方法是教育者为实现生态道德教育目的所采取的具体方法，是生态道德教育实践中教育者开展教育的具体途径和方式，往往以具体的、鲜明的个体方法表现出来，如网络生态道德教育实现方法、生态实践体验法等。它解决的是"确定什么样的实现方法"。

第三层次，生态道德教育实现的操作方式及其运行技巧。操作方式，是每一个具体的生态道德教育实现方法都具有的教育平台或载体、借助的手段、运行的程序和规则等方面的综合体，它是具体实现方法的核心内容，表现为生态道德教育实践的具体行动方式。操作方式的运行技巧，是操作方式具体运用时的艺术和技法，它是影响具体操作方式是否发挥功能作用、发挥的功能作用大还是小的关键因素，往往表现为教育者在运行操作方式实践中形成的熟练本领与能力。它解决的是"如何更有效地实施和运行实现方法"。

从以上分析看出，原则方法居于上位层次，它的职责是对生态道德教育活动以及下位层次的具体方法的制定和实施做出正确的方向指引和有效的路径规定，以保证生态道德教育活动以及采用的具体方法不偏离生态道德教育的性质和规律要求。同时，它也是教育者在开展生态道德教育活动时应遵循的基本要求和活动准则。因此，原则方法不仅具有方法论上意义，而且还具有实践性内容上的要求。其主要内容是实事求是原则、受教育者的主体性原则、知识灌输与活动实践相结合原则以及积极引导、综合渗透等原则。这些原则方法，体现了生态道德教育基本规律对方法的要求，也体现了当代生态道德教育实现方法的科学化和时代要求，具有很强的普适性和指导性。

3. 生态道德教育实现方法的确立依据

生态道德教育任务的艰巨性及其外部条件的复杂性，决定了生态道德教育实现方法是一个多元分层的系统结构。生态道德教育实现方法既不同于自然科学或社会科学的研究方法，同时又具有两者的研究特点，因为生态道德教育实现方法在本质属性上属于社会科学的一个方面，同时还要借鉴自然科学的一些方法。生态道德教育实现方法又不同于一门具体学科的研究方法，它属于伦理学学科、教育学学科或其他相关学科研究的一部分，对其研究既要把它放在伦理学学科、教育学学科的整体架构中去建构和操作，也要突出生态道德教育自身特点的实现方法。因此，任何一种生态道德教育实现方法的确立都要建立在较为坚实的基础之上，从一般意义上讲需要围绕以下因素来考量：

（1）生态道德教育实现方法，要符合生态文明建设的根本任务和目的性要求。生态文明是人类遵循人、自然、社会和谐发展这一客观规律而取得的物质与精神成果的总和，它是以人与人之间、人与社会之间以及人与自然之间和谐共生、良性循环、全面发展、持续繁荣为基本宗旨的文化伦理形态。生态文明建设的任务和目的就是要提升全民素质，形成人与自然的和谐共生关系，为社会主义现代化建设提供发展动力和精神保障。生态道德教育是生态文明建设的重要组成部分，生态道德教育实现方法就是实现生态文明建设的任务和目的的工具性手段。目的决定和选择手段，规定手段的内在价值，而手段又服务于目的，是目的的实现形式。因此，生态道德教育实现方法的确立都要紧紧围绕生态文明建设的任务、目的而进行设计或规划，实现手段与目的的相适应。

（2）生态道德教育实现方法，要符合社会发展的需要。生态道德教育本质上是社会现代化建设的一个重要方面，是社会发展的应有之义，因此也必然要遵循社会发展的规律。不能只把生态道德教育实现方法看作是一种主观的知识形态，它实际上也具有客观性，一定意义上它是对社会存在的一种客观反映，也是生态文明建设中有效解决人与自然关系的社会发展客观需求。因此，生态道德教育实现方法应当适应社会发展的需要，而不能脱离社会发展需要随意选择，否则就会阻碍社会发展。

（3）生态道德教育实现方法，要充分体现道德建设的特点。道德建设着眼解决整个民族的精神动力和精神支柱问题，是人们建设精神家园的主要过程，同时它又是社会道德主体和个体道德主体提升自身道德素质而采取的重要措施和有效途径。生态道德教育是人们的道德实践活动形式，是社会道德建设的重要组成部分，因此生态道德教育实现方法要围绕社会道德建设总体要求和基本特征来选择和设计，并根据社会道德建设的变化要求而不断改进。在此意义上，生态道德教育实现方法根本上从属于社会道德建设的总体要求，适应社会道德建设的发展需要，在实践过程中充分体现社会道德建设的实践性、操作性和全面性。

（4）生态道德教育实现方法的确立，要充分考虑教育主体自身的认知和实践能力。生态道德教育实现方法具有较强的操作性和实践性，其作用发挥的成效如何，还要决定于操作主体运行实现方法的艺术和技巧，而这正与教育主体自身的认知和实践能力息息相关。因此，选择什么样的实现方法、如何更有效运行实现方法都要考虑教育主体的认知和实践能力，不能将方法的确立脱离方法实施主体的实际情况。

4. 生态道德教育实现方法的价值目标

生态道德教育实现方法的价值目标，不仅是指生态道德教育实现方法作为工具形态所内在具有的工具价值，而且还指具体实施生态道德教育实现方法的教育主体，运用这些方法并通过具体实践所要实现、外显出的最终教育目的。前者是作为方法工具的内在属性价值，后者是教育主体在对方法设计、构思以及实践运行后所期望及达到的理想结果。因此，生态道德教育实现方法的价值目标表现在以下两个方面：

（1）作为工具属性的内在价值目标。其价值目标指向是通过实现方法的操作和运行，使生态道德教育的效果和目的得到最大化的提升和实现。该价值目标实现的前提是这种实现方法本身是否科学、是否适应生态道德教育的现状和要求。

（2）作为工具属性的外在价值目标。即教育主体通过运用、实践生态道德教育实现方法所要达到的教育目的和效果，体现为自然价值目标和社会价值目标。自然价值目标，就是通过生态道德教育使人们树立尊重自然、敬畏自然的自然价值观，切实将人类的道德观、伦理观、价值观延伸至自然界，引导人们对自然价值的深刻体会和认同，确立人与自然平等、互惠互利、和谐发展的价值观。社会价值目标，就是引导人们主动关心生态环境现状，培养保护生态环境的道德责任感，进而塑造对自然和社会具有主动关心和高度负责的宇宙情怀和内在的精神信念。

对于受教育者个体来讲，目标是唤醒其生态良知，提高其生态道德认识，陶冶其生态道德情感，锻炼其生态道德意志，规范其生态道德行为，塑造其生态道德品质，最终造就其"生态人格"；对于社会整体来讲，目标是树立全民生态道德意识，促进生态的、经济的和社会的可持续发展。该价值目标是否实现的关键是教育主体具体运用、操作实现方法的能力和效果如何。

5. 生态道德教育实现方法的特殊性

一般方法与生态道德教育实现方法，是普遍与特殊、一般与个别的关系，生态道德教育实现方法作为"方法"的一个类分支，因此当然地具有一般"方法"的基本性质。但生态道德教育实现方法作为专门研究生态道德教育实践活动的特殊方法，也必然有自己特殊性。从生态道德教育实现方法动态发展的角度分析，其特殊性主要表现在以下方面：

（1）主体性。主体性的产生和发展，源于市场经济的发展以及民主政治的推进和信息社会的到来等因素。现在，生态道德教育实现方法的主体性特征也越来越突出。

第一，从其基本理念和内涵角度来说，生态道德教育实现方法的主体性特征，是指生态道德教育实现方法的选择运用要体现以人为本的理念，坚持"人的取向"，强调方法运用形成的结果指标对人本身的意义和价值，生态道德教育实现方法的选择运用要在最终意义上服务于人的全面发展。

第二，生态道德教育实现方法还应内含对受教育者个性特点的肯定和尊重以及对受教育者主体性的承认。任何一个个体都是具有独特性的存在，用尊重其个性和主体性的生态道德教育实现方法促进生态道德教育目标的实现，也是关注人的发展的要求。受教育者的主体性特征以及主动性和创造性等特质也会在这个过程中得到充分激发。

第三，生态道德教育实现方法的主体性特征还体现在该方法为生态道德教育实践活动的展开提供平等、交流和互动的条件和平台。在尊重人的主体性发展的前提之下，生态道德教育实现方法的选择运用也注重教育者和受教者双方地位和关系。在一种平等和互动的氛围和条件下的生态道德教育，更有利于和谐局面的产生，更有利于生态道德教育目标的达成。

（2）实践性。从中介属性看，生态道德教育实现方法属于生态道德教育实践工具范畴，它是主客体相互联系、相互作用的桥梁和纽带；没有或不掌握相应的方法，相应的实践活动就不能或不能有效地开展、进行，主客体间就会因缺乏相互联系的环节而不能相互联系、相互作用。从渊源上看，生态道德教育实现的各种活动形式、策略手段以及操作规则都源于生态道德教育实践活动，并在不断深入的实践活动中健全、发展和完善。从内容上看，生态道德教育实现方法解决的是生态道德教育实践活动"怎样做""先做什么、后做什么"等具体操作问题，这些内容本身就是对生态道德教育实践活动具体开展的详细规定和实施细则。从评价标准上看，一种生态道德教育实现方法最终发挥的功能价值如何，主要衡量标准在于审查运用这种实现方法开展的生态道德教育实践活动的效果如何。换言之，生态道德教育实现方法需要在生态道德教育实践活动中来检验和评价。可见，生态道德教育实现方法呈现出了明显的实践性特征。

同时，生态道德教育实现方法的发展，也主要是在实践中完成的，即采取实践探索发展方式。生态道德教育实现方法具有中介属性，在生态道德教育实践中，是以工具形态存在的，并且还随实践工具的进步发展而不断发展着。当前，社会日新月异，情势千变万化，生态道德教育随时会遇到新的实践任务和实践问题，若已有的实践工具不能适应新情况、新要求，就必须在实践中改良已有工具，或者用已知理论和知识来设计制造、摸索探索新的工具，使新的工具适应新环境、符合新要求、实现新效果。因此，不管是工具的改进改良，还是新设计和重造，工具的进步发展都是一个不断实践探索的过程，是一个"摸着石头过河"的过程。同样，具有工具属性和形态的生态道德教育实现方法的发展也应如此。

（3）传承性。知识形态是方法存在形态之一。在人的具体实践活动中，方法就是世界观，就是方法论，就是客观规律，就是实践原则，方法也因此具有理论形态的世界观、方法论、客观规律、实践原则所具有的理论属性、知识形态。它是人的感性经验向理性知识、理性知识向实践转化的中间知识形态。因此，生态道德教育实现方法，也是具有知识形态的理论体系。生态道德教育实现方法形成后，可以通过文字记载、语言表达等方式而脱离产生它的时空条件及客观对象独立存在，并且得以存留下来、传承下来，以便于在新的历史条件下、对新的客观对象经过改良或创新重新焕发生机，发挥其功能价值作用。当然，一定阶段的生态道德教育实现方法必然受当时历史条件、经济发展水平、科技发展水平以及教育者的世界观、方法论、认识能力等因素的制约，因此在进行传承接受时，要采取扬弃态度取长补短、辩证汲取，避免生搬硬套、全盘吸收的现象。

正是因为其具有传承性特征，生态道德教育实现方法才具备了继承发展的方式。显而易见，任何方法，都不会凭空产生。同样，生态道德教育实现方法是人们在探索生态道德教育过程中实践活动经验和理论认知的累积。一定历史阶段或时期的生态道德教育实现方法，都是历史发展的产物，体现了一定历史阶段人们的价值追求。但作为社会意识范畴的产物，在一定条件下，可以超越原来依存的社会条件和现实而继续保存下去。因此，以往的生态道德教育实现方法不是静止不变的，也不是毫无用处的，它是要随着社会的发展而不断发展的。这种发展的方式，就是继承发展。继承是发展的前提和基础，我国的生态道德教育实现方法没有继承，就谈不上发展。尽管我国生态道德教育起步较晚，但在长期的发展中，也对生态道德教育实践方法和路径进行了初步探索，并总结出许多行之有效的方法，这些都是生态道德教育的宝贵资源。只要对其进行扬弃性的发掘和传承，就能形成更加有效的方法，并能保持实践方式的连续性和渐进性。

因此，所谓生态道德教育实现方法的继承发展，是指人们在以往采取生态道德教育实践过程中，所采用的一些方式、方法，一部分或全部被确认为科学有效的，并作为一种范式或模式固定下来，在新形势、新要求下，又被不断完善、改进，形成更为有效的、科学的生态道德教育实践方式。同时，继承的目的是为了发展，发展的手段是创新。只有在继承的基础上，结合时代的内容和要求，对其加以程序和形式的改造，才能使之具有新环境的适应性和对新对象的针对性。

（4）开放性。开放，意味着不封闭、不闭门造车，敢于接受融入，敢于改革创新，敢于走新路、尝试新的方法，善于以博大胸怀、前瞻眼光、扬长避短的态度处理问题。只有这样，方法措施才有生命力、才有持久的活力。我国的生态道德教育实现方法的发展不是封闭的，而是以实践为基础，坚持以科学发展观为指导，合理吸收其他国家或政党的生态道德教育方法的营养，正确借鉴我国古代生态道德教育方法的精华，科学梳理和总结近年来我国生态道德教育实现方法的工作经验，吸收、借鉴以上诸项科学方法于一体而形成。这充分说明，生态道德教育实现方法不是死板、僵硬、封闭和停滞不前的，而是以教育实践活动为基础，不断开放和发展着的。这就要求广大负有教育责任和使命的生态道德教育主体，应不断解放思想、与时俱进，立足于社会发展、形势变化和时代要求，在生态道德教育实践中，不断研究新情况、探索新方法，进一步完善和健全生态道德教育实现方法。

生态道德教育实现方法的开放性特征，为生态道德教育实现方法提供了借鉴发展的方式。借鉴是开放性应秉承的态度之一。不同的国家、地区和民族，有着不同的自然、地理、文化和思维习惯等，当面临全球性生态危机问题时，其采取的解决措施和方法也必然有所差异，但也必定会创造出一些成功的经验或方法。这些方法，也必然会对面临同样问题的我们有所参考、借鉴意义。生态道德教育实现方法借鉴，是指要采取开放的态度，大胆吸取国外生态道德教育实践方面的方式方法，扬长避短，对照学习，改进自我。

通过这种学习、借鉴，进一步丰富和发展我国生态道德教育实践的方法理论和方法体系。借鉴要秉承一定原则，应当坚持"以我为主、为我所用、辩证取舍、择善而从"的原则。要在深入分析、对照、研究的基础上进行提炼、融合和创新，使其与我国生态道德教育实践有机结合，实现向本地的转化。

（5）综合性。这个特征也称为交叉性、渗透性。生态道德教育本身就是多学科、多领域的综合体，涉及生态学、伦理学、教育学以及生态教育、道德教育等多门类、多个教育领域的问题，是相互交叉、相互综合、相互渗透的多层次、多维度的研究课题。因此，作为实现生态道德教育目的和效能的方法，也必然具有多样化、综合化的特点，它应是在实践的基础上，综合运用多学科、多个教育领域的相关理论和方法，结合自身特点，形成更能有效实现生态道德教育价值目标的方法体系。特别是，当前已进入网络时代，科学技术飞速发展，各种营利性、非营利性社会团体蓬勃发展，人们的认知水平和综合素质均有了较大提升，生态道德教育有了更多的、新的载体和平台，有了更多的教育媒介和资源，生态道德教育实现方法会因此而变得更加多姿多彩，更加系统综合。

基于综合性特征，生态道德教育实现方法在其发展方式上可以采取"综合发展的方式"。此处的"综合"，应以宽泛的、动态的视角来解读，它内含方法的理论转化、系统整合、错综交叉和相互渗透等内容和过程。一方面，随着科研能力和水平的提升，与生态道德教育相关的学科和重大研究课题如生态学、伦理学、生态伦理学、教育学等都有了新的理论创新或成果，这些理论成果一旦向生态道德实践转化，势必会综合作用于现行的生态道德教育实现方法，对其提出新要求、新期待，也必然带动方法的同步发展；另一方面，各种相关学科理论和方法的发展，以及不同领域教育方法的创新，会给生态道德教育实现方法发展指出方向和提供借鉴，并且会在对这些方法进行综合分析、个别比较、交叉整合的基础上，形成更加科学的、具有交叉性和相互渗透性的综合方法，从而使生态道德教育实现方法更加科学、更加具有实效性。

6. 生态道德教育实现方法的作用表现

生态道德教育实现方法的作用，是指在生态道德教育实践活动中，所采取的活动形式、策略手段以及操作规则等对推动生态道德教育实现其教育目的的能动价值。其作用的发挥：一是由生态道德教育实现方法的中介地位决定的，这些方法将生态道德教育系统的诸多因素联系在一起，并促其相互发生作用；二是由生态道德教育实现方法中各种特性、要素以及各个环节有机整合、运行的合力作用结果。其作用表现如下：

（1）落实生态道德教育内容。生态道德教育的内容主要包含三个层面：①生态道德认知教育，主要是生态知识的接纳与消化；②生态道德意识教育，主要是培养与内化生态善恶观、生态义务观、生态平等观、生态良心观、生态公正观等生态道德观念；③生态道德规范教育，包括清洁生产、绿色消费、生活节俭、人口控制等。生态道德教育是我国德育的新课题，从本质上讲，它与德育本质相同，是国家和阶级意志的具体体现。这就决定了在追求利益最大化的市场经济条件下，生态道德教育内容与受教育者个体从自身需要满足和发展出发，建立在特定认识水平基础上的选择接受动机取向客观上存在一定的差距。

换言之，受教育者自觉接受生态道德教育内容的动机、主动性和热情相对较弱。缩小受教育者需要和生态道德教育内容上的差距，使其在认知生态道德要求的基础上，进而感知或认同生态道德教育内容的合理性、科学性和价值性，并实现将其吸收内化到形成自觉行为外化转变，是生态道德教育的根本任务，也是其面临的最大困难和挑战。解决这一难题的根本途径，就是寻找出合适的生态道德教育实现方法，探索更为科学的教育措施、教育载体和平台、操作方式等，多途径、有效地向教育者传播生态道德教育内容，对不同层次、不同群体的受教育者施加影响，完成生态道德教育的目标。

随着现代教育的大众化、终身化等新特点以及传播媒介的信息化、多样化的变化，传播和承载生态道德教育内容的方法还会不断地发展和创新，发挥出传播生态道德教育内容的更好作用和效果。

（2）实现生态道德教育价值目标。生态道德教育的价值目标，既有以铸造个人"生态人格"的个体性价值目标，也有以培养社会整体"生态意识"的社会性价值目标，其最终目的是把道德关怀引入人与自然的关系中，树立起人对于自然的道德义务感，变习惯号令自然、改造自然的"主人"为善待自然、与自然和谐相处的"朋友"，变人在自然之上为人在自然之中。但不管是生态道德教育的个体价值目标还是社会价值目标，这些目的或需求最终是教育主体主观上的期许和追求，归根结底是教育主体的主观范畴，与教育对象自身思想实际没有必然联系。

教育对象不可能自觉、自动地向着教育主体的目的需求或要求转化。要将生态道德教育的目的向教育对象思想意识的现实转化，必须借助能够将教育主体目的要求与教育对象思想实际连接为一个活动整体的方法来充当中介联系，搭建教育主体的教育目的与教育对象接受心理结合的通道，进而推动教育目的逐渐地分阶段地向教育对象思想转化。如果离开方法，教育主体与教育对象就会因为缺乏联系中介而相互隔离，教育目的就会成为教育主体的单方意愿，进而不可能转化为客观现实。因此，生态道德教育实现方法是通往教育价值目标实现彼岸的"桥"或"船"，在实现生态道德教育目的中起着关键性的作用，是确保生态道德教育最终价值目标实现的手段保障。

（3）提升生态道德教育效果。生态道德教育效果是指教育主体开展生态道德教育实践活动对受教育者所产生的功能价值。判断效果的优劣，主要是根据生态道德教育实践活动的结果来判断。其结果只要是符合预设的教育目的，对受教育者的思想观念、行为规范产生了所期望的影响，并促进生态道德教育价值目标的实现，就是正面的效果、好的效果，反之就是负面的效果、差的效果。当然，影响生态道德教育效果的因素很多，如面临的教育环境和条件、教育主体的素质能力、政府的支持力度以及受教育者自身条件等，但如果在其他因素大致相同的情况下，教育主体采用不同的方法，就会产生不同的教育效果。只有采取正确的、科学的生态道德教育实现方法，才能协调平衡生态道德教育内部的诸多要素以及它们之间的矛盾关系，才能将这些矛盾要素融合好、解决好，并将之有效地连接到生动的道德实践中去，推动它们相互作用、相互渗透和相互转化，进而形成合力向教育者所期望的良好效果方向转化。

生态道德教育实现方法的选择和优化，都是影响生态道德教育效果的关键因素，对生态道德教育实现方法进行深入、多角度、多维度的研究，对实现生态道德教育目的和价值具有重要的现实意义。

（4）促进生态道德教育学科的发展。进一步加强对生态道德教育实现方法的研究力度，可以促进和提升其方法理论水平；同时，生态道德教育实现方法和方法论的发展，必然促进生态道德教育学科的深入发展。

一是可以拓展研究的视野和视角，深入推进生态道德教育方法理论研究的深化。从发展的角度看，生态道德教育面临着新的情况、新的情势，生态道德教育实现方法也迎来新的发展契机和挑战，其研究的广度和深度也会进一步加强，有力推动生态道德教育方法理论的深化。

二是可以准确了解生态道德教育实现方法的规律，掌握其发展的最新成果和未来趋势。人们会在生态道德教育实现方法的具体应用和实践中，把握生态道德教育实现方法的优缺点、发展规律以及未来的发展方向，为生态道德教育实现方法的长远发展奠定基础。

三是可以推进当代生态道德教育实现方法的科学发展。发展是自然和人类社会的普遍规律。研究和探讨生态道德教育实现方法，不仅在于揭示已有的发展，更在于确立一种生态道德教育实现方法的科学发展观念，进一步完善和丰富生态道德教育实现方法的理论体系。

第二节　新发展理念与生态道德教育的融合

时代的发展极大地满足了人们物质方面的需求，又不可避免地出现一定程度的精神危机和生存危机。而生态道德教育可以提升学生的生态道德素养，并在一定程度上缓解人与自然发展中所存在的问题，促进社会主体生态文明的建设。新发展理念中的创新发展理念、协调发展理念、绿色发展理念、开放发展理念以及共享发展理念可以从各方面将内心存在的稳定的生态道德素养转化为真正的生态道德行为。因此，生态道德教育与新发展理念具有一定的契合，同时新发展理念符合生态道德教育的要求，有利于其教育目标的实现。

一、新发展理念与生态道德教育融合的意义

新发展理念本身就是积极的因素，对社会的进步与发展起到一定的推动作用，在一定程度上也推动了生态道德教育的发展。由于新发展理念与生态道德教育有一定的契合，所以将新发展理念融入生态道德教育的实践活动中去，有利于培育效果的提升从而促进培育目的的实现。

（一）实现建设美丽中国目标的必然要求

随着改革开放事业的不断深入，我国社会经济的飞速发展，人们物质生活得到满足的同时开始追求更高层次的物质文化生活，也就意味着人们要追求优美的生存环境。"美丽中国"这一战略目标，它不仅代表着人民对美好生活的向往，更是"时代之美、社会之美、生活之美、百姓之美、环境之美的总和。""美丽中国"这一目标可以更好地引领社会主义生态文明建设，推动"两个一百年"奋斗目标和中华民族伟大复兴的实现。

新发展理念和"美丽中国"有高度的契合性和相关性，二者相互呼应共同构建国家富强、人民幸福、环境优美的美好愿望。一方面，"美丽中国"可以为新发展理念的实施提供方向。"美丽中国"统领中国特色社会主义事业的总布局，指引政治建设、经济建设、文化建设、社会建设、生态建设这"五位一体"。而新发展理念的实施就是要融入"五位一体"中，打造政治、经济、文化、社会、生态的良性循环，那么新发展理念的实施最终也要落脚于"美丽中国"。另一方面，新发展理念可以推动"美丽中国"的实现。"美丽中国"目标的实现不可能凭空实现，它必须要依靠一定的方法，也就是新发展理念。新发展理念的实施可以提升经济的发展质量，提升社会的发展空间，缓解经济与生态环境之间的矛盾，才可能实现"美丽中国"这个目标。

"美丽中国"的实现是一个经过长时间才能实现的目标，必须坚持不懈地把新发展理念融入"五位一体"的总体布局中去。青少年是国家未来的建设者，都会参与国家方方面面的建设中去，他们的生态道德素养、生态价值观会直接影响着"美丽中国"建设目标的实现。因此，要想实现"美丽中国"这一目标，就要把新发展理念融入生态道德教育中，以培育符合社会主义生态文明建设的生态道德素质为目标，使新发展理念成为学生生活中行动的灯塔。

（二）实现全面发展的内在要求

生态环境遭到破坏，粗放式的开采自然资源造成低效率的利用和资源的储量大幅度下降，大自然开始不断地报复人类不当的"相处行为"，人类幡然醒悟后，开始了找寻

新的发展理念来指引人们追求幸福生活。当下处于生态文明的时代，新发展理念已经进入了人类的视野当中，就当前的社会而言，人的全面发展不仅仅只是停留于知识技术的掌握，更加注重人的综合素质提升和正确的价值观树立，由此，生态道德素养开始成为衡量人的全面发展的标准之一。

学生不可能自发地产生生态道德素养，也不是与生俱有的，而是通过一定的培育活动形成的。因此，学校应注重学生的生态道德教育，由于学生自身的特殊性，同时考虑到实施新发展理念的目标之一也是为了人的全面发展，那么新发展理念必须融入生态道德教育中去。只有这样做，学生才能更好地认识和处理人与自然关系问题，树立和矫正生态道德价值观，增加对新发展理念的认同度，在个人利益和生态环境发生冲突时做出正确的价值判断和选择，自觉肩负起传播生态道德的责任，对校园生活和社会公民甚至是未来社会产生重大影响，并在这个实践过程中实现个人的全面发展。

人的全面发展需要一定的物质基础，同理，学生的全面发展也需要一定的物质基础，而新发展理念融入生态道德建设推动了学生自身的全面发展。一方面，美好的生活环境是人的全面发展的基本物质条件。人与生态环境是部分与整体的关系，二者相互依存具有同一性，人类社会的发展和人的发展都离不开生态环境。如果只注重经济的发展而造成生态环境的破坏，把经济发展中的物质条件当作是人的全面发展的唯一要求，就算实现了人的全面发展也不是真正的全面发展。照此以往发展下去，生态环境恶化，自然资源枯竭，人的生存环境都要丧失，那么学生的全面发展就失去了基本的物质基础。另一方面，新发展理念融入学生生态道德促进了学生的全面发展。新发展理念融入生态道德教育中，有利于学生发展观念的更新。在新兴产业崛起之后，社会开始追求"高质量"的经济发展，不再只追求GDP的高低，社会与生态环境发展相协调，这样就可以把人的全面发展和社会发展有机结合起来，使得人的全面发展更加健康。

总之，将新发展理念融入学生生态道德教育中，可以提升学生生态道德教育的实效性，真正促进学生形成稳定的生态道德素养。

二、新发展理念与生态道德教育的一致性

（一）创新发展理念为培育创造条件

创新是一个民族进步的灵魂，是一个国家兴旺发达的不竭动力。所以我们必须创造属于自己的先发优势，创新出具有中国特色的生态道德教育的实践活动。在新发展理念中创新发展理念是放在首位的，并且已经贯彻到了党和国家的一切工作中，在我国社会发展中占据着重要的地位。

在当代社会，创新发展是引领发展的第一动力，因而将创新发展理念融入生态道德教育中必然会为培育主体的发展创造条件。一方面，动力是生态道德教育的起点，不仅影响了生态道德素养的形成，还影响到了培育主体的培育活动的效果。如果培育主体也就是培育教师自身对生态道德教育这一活动缺乏传授的动力，这无疑就会影响学生吸收和消化的动力，从而影响了生态道德素养的形成；另一方面，创新发展理念是为了实现社会的高质量发展而产生的，科学技术的创新会降低生产活动对生态环境的影响，缓解人与生态环境之间的矛盾，为社会的其他方面起到了表率作用，为社会成员生态道德素养的提高提供了良好的大环境。

（二）协调发展理念促进培育内容发展

在新时期，新发展理念的提出，彰显了党对协调发展的高度重视。党在推动社会主义现代化建设的过程中，不断丰富和加深对协调发展理念的认知，并在这个过程中取得了重大进展。它更加注重精神建设和文化建设的同步发展，并在这两个建设的协调发展方面进行了一系列有益的探索和实践。新时期我国社会的主要矛盾表现为人民日益增长的美好生活需要和不平衡不充分的发展之间的矛盾。在当今社会，人民在物质生活不断提高的同时，更加注重生活质量和生活水平等美好生活的需要，这就使得人们对美丽的生活环境追求越来越强烈，为了更好地满足人们对于美好生活的追求，就需要更加优美的生活环境和更加完善的道德人格。人们对于道德的关注不再局限于人与人之间、人与社会之间的关系，还将视野放到了人与自然的关系，延伸了传统道德的领域，将生态道德也列入了人的全面发展的评价标准之一。因此，我们要立足于精神建设的整体结构，优化道德建设的架构，补齐生态道德教育的短板。

生态道德教育是具有其特殊性的，书本上单一的生态道德教育内容已经不能达到培育预期的结果，生态道德的培育需要更广泛、更丰富的培育内容。在注重其他文化建设的同时，协调社会、学校以及家庭的生态文化建设，发展绿色文化，形成绿色的生活环境。而初中生周围的生活环境是培育内容重要的来源，生态道德的培育内容立足于充满绿色氛围的社会生活之中，用贴近生活实际的内容丰富培育的内容，使培育的内容更加符合社会发展的需要和学生身心发展的需要。

总之，协调发展理念对培育内容的丰富具有重要作用和指导意义，在加强生态道德知识传授的同时加快生态道德教育实践活动的开展，协调生态道德知识与生态道德行为之间的关系，有利于加强培育中对周围环境的共鸣而引起的主体意识的觉醒，有利于生态道德认知向生态道德行为的转化。

（三）绿色发展理念为培育指明方向

绿色发展理念的实施旨在培养出具有"生态人格"的"生态人"，形成绿色政治、绿色经济、绿色文化、绿色社会、绿色生态的布局，实现经济的良性发展和社会的可持续发展，它的最终目标是要建成"美丽中国"。绿色发展理念与生态道德教育目的是一致的，绿色发展理念虽然是要提高整个社会公民的生态道德素养，但是与生态道德教育的目的是提高生态道德素养本质上是一样的，都是要提高人的生态道德素养使其符合社会的要求，推动社会的可持续发展，除此之外，二者最终的落脚点都是建成"美丽中国"。因此，绿色发展理念融入生态道德教育有了良好的契合点，可以为培育指明发展的方向，形成了融入的基础。

工业革命后，不管是发达国家还是发展中国家都一味地对生态环境索取，追求物质财富的提高和物质生活的满足，人们的价值观变成了利己主义和享乐主义，走进极大的误区，加大了对生态环境的破坏。生态环境的破坏，不仅会引起生态环境的报复，还会影响人类的生存和发展。人类在推动社会历史发展的实践中思考出一种新的道德素养，与社会发展相匹配的可以调节人与自然矛盾的道德——生态道德。生态道德是应运社会发展而产生，对初中生生态道德教育也是具有时代性的。但是许多学校对于生态道德教育的时代性理解不透彻，也没有采取相应的实践去进一步提升培育的质量。绿色发展理念是国家宏观层面的要求，生态道德教育是微观层面的实践，只有将绿色发展理念融入生态道德教育中去，才可以将生态道德教育与社会需要相挂钩。只有这样，才可以更具有针对性地解决生态道德教育中的问题，不是简单地普及知识，而是加强知识与时代之间联系，在重视知识普及的同时更加注重学生生态道德价值观的树立，将形式化的生态道德实践变为知行转化的渠道之一，提升生态道德教育的质量，使之满足时代的发展，在未来为社会发展贡献更大的力量。

由此可见，生态道德素养是道德在生态领域的延伸，不是先天就存在的，而是在后期的社会实践中不断积累获得的，是要提升学生的生态道德素养为最终目标。绿色发展理念同样是要培育社会公民的生态道德素养，使其内化于心，形成稳定的生态道德素养。因此，将绿色发展理念融入生态道德教育来指明培育的方向具有较大的可能性。

（四）开放发展理念为培育提供良好环境

改革开放多年以来，我国不断取得了巨大的成就，使中华民族屹立于世界，这重要的原因之一是我国不断扩大对外开放的力度。根据世界发展和我国的发展实践经验表明开放使我们进步，封闭使我们落后。

开放发展理念主要有两个方面的追求：一方面是为了推动整个社会发展，实现人类的合作共赢；另一方面是为了打造人类命运共同体，从而促进社会和谐稳定发展。它的这两个价值追求也为生态道德的培育提供了新的契机，具体如下：

第一，经济基础决定上层建筑，只有把握好各个国家直接和国家发展与利益分化之间的平衡，促进经济社会的稳步发展，为生态道德的培育提供良好的经济社会环境。如果不断扩大开放，更加促使经济稳步发展，那么生态道德教育空间也会越来越大。

第二，生态道德的培育是想要建立人与自然的命运共同体，这并不能只靠我国的努力，也需要世界各国共同的努力。合作共赢就是要摒弃零和思维，在追求自身利益时兼顾对方利益，在寻求自身发展时促进共同发展，不断深化利益交融格局。不断扩大的开放，也会使我们接触到其他国家在生态道德教育方面所采取的措施，在接触中不断交融，取其精华，去其糟粕，不断完善我国初中生生态道德教育，也为培育的发展提供了良好的环境，以一种合作共赢的方式推动人与自然命运共同体的形成。

因此，着眼于当前新的国内外形势下，我们要始终坚持对外开放这一基本国策，并不断发展和完善开放发展，为生态道德教育拓展更加良好的环境。

（五）共享发展理念为培育明确主体

必须坚持发展为了人民、发展依靠人民、发展成果由人民共享，做出更有效的制度安排，使全体人民在共建共享发展中有更多获得感。共享发展理念并不是简单的"平均主义"或者"福利主义"，它是要切实增加社会发展权利主体也就是人民群众的福祉，让人民群众更好地在发展中享受改革的红利和发展的成果，并着手解决直接影响人民群众生活的问题和人民群众最关心的问题。目前，人民群众对美好生活的追求过程中的一大问题就是生活环境不美好、生存环境不优美，而共享发展理念为了让人民群众更好地享受优美的环境，就需要解决他们最关心的生态环境的问题。同时，生态道德教育的培育目标也是为了缓和人与自然之间的矛盾，使得人与自然和谐发展。那么共享发展理念与生态道德教育所期望达成的目标是大体一致的，共享发展理念融入生态道德的培育活动中可以明确学生就是培育主体，从而加速培育目标的实现，更好地培育出社会发展所需要的"生态人"，实现"1+1 ＞ 2"的培育效果。

共享发展理念其实也可以解释为人自己的自由而全面发展与社会的进步发展是相统一的。每个人都同等享有自我实现的权利，都有权以自己的行动塑造个人的社会生活。共享发展理念的价值追求是"人人参与，人人尽力，人人享有"。人与自然环境的和谐相处仅仅依靠国家的宏观调控是无法实现，它需要的是每个人的努力。通过生态道德教育向学生传递生态道德方面的知识，让他们在现实生活中参与到保护环境的实践活动中去，使他们在现实中约束自己对于破坏生态环境的行为，并将生态道德的知识转化为生态道德行为，自觉践行，那么美好的生态环境的形成是指日可待的，自此之后，他们就可以在优美的生活环境中学习、工作和生活，形成发展成果人人共享的局面。

第三节　初中生生态文明观教育及其发展策略

一、初中生生态文明观教育的必要性与目标

对初中生生态文明观教育的必要性及其内容体系进行深入研究，明确初中阶段生态观教育的重要地位很有必要。建构科学的生态文明观教育内容体系，是我们顺利开展生态观教育的前提，生态文明观教育的根本目的就是培养初中生良好的生态行为习惯，初中生生态观教育的必要性和内容都要为这个根本目的服务。

（一）初中生生态文明观教育的必要性

生态观教育不仅是初中生能力全面提升的重要内容，而且也是对初中生进行生态文明观教育规律的客观要求，更是我们全面建成小康社会和生态文明建设的时代要求。青少年是祖国的未来，我们未来的消费模式、发展方式等都由他们引领，所以对初中生进行生态文明观教育势在必行。

1. 初中生身心发展的内在需要

按照我国现在实行的"六三三"学制分析，初中生的年龄一般分布在12～15周岁，这一阶段是青春期的前期，具有这个阶段的明显特征：他们渴望独立却经验不足，渴望交流又封闭自己，有主见却不自信，冲动性与自制性并存，形成了矛盾的青春期。面对如此特殊个性的群体，如何循循善诱，发掘他们的潜能，促进他们的全面发展，是一项重大课题。生态文明素质是初中生基本素质的重要组成部分，由于青春期的孩子比较叛逆，单纯的课堂授课或者说教可能收效甚微，而在参与社会实践活动的过程中渗入生态观的教育则容易被潜移默化地接受。

生态观教育不仅仅要培养初中生的生态意识，使初中生的思想与行为更符合教育者的预期结果和社会的要求，更加注重对初中生精神世界的提升，其实质是促进初中生的思想行为由不科学到科学、由不理性到理性的巨大转变，完全符合生态观教育塑造完整的生态人的目标。生态文明观教育还涉及意识形态领域的内容，良好的社会环境保护氛围和环境现状也能够提升初中生对社会主义中国的认同感与自豪感，这也是另一种宣传爱国、爱社会主义的教育。初中生对生态文明观念的认识与实践、对生态现状的关心和实施环境保护的自觉性是初中生身心健康发展的重要表现，而要培养初中生正确的生态文明意识和良好行为习惯，就要在尊重他们个性的基础上，引导他们自己去探索什么是光荣的，什么是可耻的，只有这样他们才能从内心接受和认可生态文明观。加强初中生

的生态文明观教育，努力使生态环保观念转化为生态保护行为，不仅对初中生个体的身心健康发展有促进作用，而且对美丽中国建设和伟大中国梦的实现大有裨益。

2. 生态观教育规律的客观要求

生态观教育的客观规律就是在开展生态观教育的社会实践活动中，各个要素相互作用、相互制约形成的内在的、本质的、必然的、稳定的关系。生态观教育规律主要涉及以下方面的关系：

（1）遵循初中生思想品德形成发展规律。生态观教育属于思想政治教育的重要内容，是意识形态工作不可或缺的一部分，也是时代发展的必然诉求。对初中生进行生态观教育，不仅是学校课程内容的要求，而且是缓解现实社会矛盾的需求。生态观教育作为意识形态领域的内容，要为我国的政治、经济、文化、社会和生态文明建设服务，承担着向全体社会成员灌输社会主流意识形态的功能。因此，生态文明观教育具有鲜明的阶级性，要求我们必须把坚持正确的政治方向放在首位，运用科学的方法引导人们树立绿色、可持续的生态文明观，从而为社会主义的持续健康发展服务。

初中生的生态观教育要遵循思想品德形成发展规律。初中生的思想品德的形成不是一蹴而就的，生态观教育也需要经历一个过程。首先，在初中生内在矛盾的转化过程，即初中生内在的知、情、意、信、行诸心理要素相互作用，初中生主体内在的思想矛盾转化和教育者正确的教育引导是初中生生态观念形成的最主要因素；其次，外部环境对生态观教育产生一定的制约与促进作用，学校教育、家庭教育和社会风气都对初中生的生态观会产生一定的影响。

总之，初中生的生态文明观教育要遵循人的思想品德形成和发展的规律，即在实践的基础上，初中生的生态观是初中生内在思想矛盾转化、并受到外界环境的一定影响的结果。

（2）遵循初中生个体身心发展规律。对初中生进行生态文明观教育的过程中会出现这些矛盾：初中生现有的生态水平与教育者所要求的生态目标之间的矛盾；初中生生态文明观发展的内在需要与满足这种需要的教育方式之间的矛盾；生态文明观对初中生的生态文明要求与初中生现有生态思想行为之间的矛盾以及生态文明观对初中生的生态文明要求与社会环境之间的矛盾。这些基本矛盾中，最主要的矛盾就是社会对初中生的生态文明要求与初中生现有的生态思想行为之间的差距，这两者之间的差距决定着生态观教育工作能否顺利进行。缩小这个差距的关键一环就是教育者发挥正向的引导作用，教育者运用的方式方法是否正确将直接关系到教育目标能否实现。教育者在教育的过程中，并不是随心所欲的，应该遵循初中生的身心发展规律进行针对性教育。

3. 我国社会发展的现实要求

工业革命以来，科学技术的快速发展满足了工业发展所需的资源开采和生产的需要，创造出了巨大的物质财富和精神财富，但与此同时也导致了环境的恶化。资源短缺和生态破坏的持续积累引发了世界性的生态危机，生态环境问题逐渐受到中西方的广泛关注，人们开始意识到生态问题是现代工业文明的不可持续发展所产生的后果。社会主义生态文明观指导着我国的生态文明建设，事关我国全局性发展。从我国目前的能源资源状况和环境现状来看，保护环境刻不容缓。

生态文明社会是时代发展的必然追求，不仅现在，而且未来的社会，都追求生态文明高度发达的社会。社会主义必须是绿色的，这不仅是我国经济可持续健康发展的现实需求，更是人们对美好生活追求的必然要求。改革开放以来，我国的环境问题日益突出、土壤污染、空气污染、水污染、洪涝灾害等生态环境问题直接危及人们的生命财产安全。从可持续发展战略的提出到如今的美丽中国建设，无一不显示出中国对生态文明建设的高度重视。可持续发展模式能够保障经济的平稳健康发展，是生态文明社会所需要的文明发展模式。

总之，初中生身体和心理的显著变化决定了初中阶段的重要性，初中生是我们开展生态文明观教育的首要群体，正确认识初中生身心发展的普遍规律以及特殊性，在遵循客观规律的基础上，对不同年龄阶段的初中生进行针对性教育，使每个初中生都为我国的生态文明建设贡献自己的一份力，共同建设美丽中国。

（二）初中生生态文明观教育的目标

对初中生进行生态文明观教育的目的，就是塑造生态人的主体目标和追求环境正义的价值目标，所有的教育工作都应该围绕着这一最终目标来开展。分层次的、具体的教育目标的确立，不仅有利于初中生生态文明意识的养成，而且有利于初中生养成良好的生态行为习惯，促使他们在实践中落实生态文明教育目标。

1. 生态文明观教育目标的确立

初中生生态文明观教育的目标确立的依据主要有三个：人的全面发展学说、社会发展的客观要求以及初中生的个体身心发展规律。

（1）人的全面发展学说，是初中生生态文明观教育目标确立的理论依据。"人的全面发展"学说认为个人是受分工所支配的，分工使他变成片面的人，使他畸形发展，使他受到限制。只有把人从私有制中解放出来，使他们摆脱现在这种分工给人造成的片面性，才可以实现人的全面发展。这里的全面发展是指每一个人的智力、体力在社会生产过程中充分地、自由地发展，最根本的是个人劳动能力的全面发展，生产劳动同智育和体育相结合，它不仅是提高社会生产的一种方法，而且是造就全面发展的唯一方法。

初中生的自尊心极强，追求个性，自我意识明显提升，生态观教育的目标则是使学生们的思想道德意识和行为习惯更加符合生态环保要求，所以此时的生态观教育不能仅仅进行简单的说教灌输，而应该与生产劳动相结合，在实践活动中引导初中生去发现和感悟。现如今，我国提倡素质教育，主张促进学生德、智、体、美、劳各个方面的全面发展，加强初中生的生态文明观教育，不仅有利于促进他们的身心健康发展，培养他们的环保意识和责任意识，健全学生的人格，还有助于促进他们的全面发展。传授给学生系统的生态知识，发展他们的智力，培养他们的自主性与创造性属于智育的内容；培养学生正确生态价值观属于德育的内容；正确的生态审美观属于美育的内容；生态文明行为则属于劳动实践的内容；引导教育学生掌握基本的生态知识与技能、形成良好的生态劳动观点与习惯属于劳动技术教育。生态观教育包含的五个方面的内容相互渗透，密不可分。

（2）社会发展的客观要求，是生态文明观教育目标确立的现实依据。

首先，教育目标会受到一定的社会生产力和科学技术水平的制约，也体现出这个时代社会生产力和科学技术的特征，生态观教育是社会生产力发展的必然结果。生态观不仅仅要解决现实社会的环境问题，还要解决人的思想观念领域的问题，生态问题不仅仅是依靠科学技术就能解决的，还需要人们树立科学正确的环境发展理念。

其次，教育目标受一定社会经济和政治制度的影响。生态观教育体现了社会经济和政治制度发展的要求，现如今，依靠科技进步和创新的经济发展模式决定了我们的生态观教育要朝着绿色发展方向前进。

最后，生态文明观教育还受到历史发展进程的影响。我们这个时代比历史上任何一个时代都更关注生态文明建设，这是由我们现在所处的历史阶段所决定的。我们提出的生态文明观教育目标要立足于社会发展的客观要求，这在我国具体表现为要依据党的奋斗目标确立生态观教育目标。我们党和国家在这个阶段的奋斗目标决定了我们要进行生态文明观教育，现如今我们要建设美丽中国、全面建成小康社会和实现伟大中国梦的目标都离不开生态观教育。我国社会主义初级阶段的基本国情和社会主要矛盾的转变都决定了我们要进行生态文明观教育。

（3）初中生个体身心发展规律，是生态文明观教育目标确立的客观依据。

首先，教育目标的确立应该遵循初中生身心发展的顺序性原则。个体身心发展是由低级到高级、由简单到复杂、由量变到质变的连续不断的发展过程，对初中生进行生态文明观教育也要循序渐进，要渗透到初中生的日常生活中，从身边小事做起，通过不断的知识积累和实践活动逐步提高生态文明意识，由意识到行为的转变是一个循序渐进的过程，不可操之过急。

其次，遵循初中生身心发展的阶段性和个别差异性原则。不同年龄的学生，身体特征和心理特征各不相同，要因材施教，教育目标不能一刀切，在教育内容和方法上也要有所区别。初一的学生经常要依据一定的感性经验去思考，所以对初一的学生要进行简单的知识传授和相对较多的实践活动，让他们在实践中去理解和把握生态教育的内容；而初三的学生的抽象思维能力提升，可以对他们进行系统性的知识传授以及让他们自己组织生态主题活动，积极引导他们在活动中进行总结和思考。

最后，遵循个体发展的不均衡性原则。初中生正处于青春期，身体和心理都在快速发展，这一阶段正是世界观、价值观和人生观形成的重要时期，比小学和高中的生态观教育的效果更显著。所以要抓住这个关键期，制定出稍微高于他们阶段的最近发展区内的生态观目标，以求达到生态文明观教育的最好效果，教导他们养成良好的生态意识和行为习惯。

2. 生态文明观教育的具体目标

对初中生进行生态文明观教育要有目的性和计划性，层次分明的教育目标有助于提高对初中生生态观教育的针对性与实效性。生态观教育的目标分为两个部分：塑造生态人的主体目标和追求环境正义的价值目标。

（1）塑造生态人的主体目标。促进人的全面发展理论认为，人的全面发展是"生态人""社会人"以及"自我人"的统一，所以要实现初中生的全面发展就要首先培养他们成为"生态人"。"生态人"主要包括生态感知、生态意识及生态责任三种品质，对初中生进行生态文明观教育就要培养初中生对周围生态环境的感知能力，树立保护环境、节约资源的意识和自觉践行生态环保行为的能力。初中思想品德课的情感、态度、价值观目标，即亲近自然，爱护环境，珍惜资源，勤俭节约；能力目标，即掌握爱护环境的基本方法，形成爱护环境的能力；知识目标，即理解人类生存与生态环境的相互依存关系，认识当今人类所面临的生态环境问题及其根源，掌握环境保护的基础知识。

（2）追求环境正义的价值目标。对于初中生进行环境正义的教育，可以从以下两个方面来理解：

第一，从时间的角度出发，教育引导初中生科学认识可再生资源与不可再生资源，在保证当代人的生态利益的同时，学会为后代人的利益考虑，学会换位思考，造福子孙后代。

第二，从空间角度来看，初中生以及整个社会只有把自然与社会作为一个整体，不随意破坏环境，知道自然与社会是共生共荣的命运共同体，在追求经济利益的同时兼顾生态利益。

初中生不仅仅要自己践行保护环境的行为，还要积极宣传、倡导环保理念，带动身边更多人投身环境保护时间活动，积极维护环境正义，运用才智与破坏生态环境的行为做斗争。

二、初中生生态文明观教育内容的构建

生态文明观教育的内容是初中生生态观教育的基础，只有保证教育内容的科学性才能保证生态观教育的方向。生态观教育目标最终能不能实现的关键，就在于生态观教育内容的建构是否合理。鉴于教育内容的重要性，初中生生态观教育的内容体系不能随意捏造，应根据思想政治教育的基本规律、初中生思想品德的形成发展规律以及初中生的阶段性特点，有针对性地进行建构生态观教育的内容。

（一）初中生生态文明观教育内容的构建原则

1. 方向原则

教育本身是有价值导向的，生态文明观教育就是引导初中生树立社会主义性质的科学的生态观。

（1）生态文明观教育是意识形态领域的教育。社会主义生态文明观与资本主义的生态观不同，要认识到我国生态文明观教育的中国特色，结合社会主义初级阶段的基本国情、美丽中国建设以及伟大中国梦来理解生态文明观，坚持生态观教育的社会主义方向，使生态观教育与党和国家的长期目标以及党的纲领政策保持一致。

（2）生态观教育的内容还要体现出科学性。只有科学、正确的生态观才能正确地引导初中生的行为，我们所提倡的是人与自然和谐相处的生态理念，生态中心主义、人类中心主义等理念都是片面的，我们要结合中国特色的生态文明建设实践经验，探索出符合中国特色的生态观教育内容与途径。只有树立了正确的自然观，才能把握生态文明观教育内容的科学性和方向性。还要将坚定的原则性与方法的灵活性结合起来，努力使生态观教育与初中生的学习、生活结合起来，使生态观教育自然而然地渗透到初中生生活的方方面面。

2. 理论与实践相结合的原则

坚持理论与实际相结合的原则就是对初中生进行生态文明观教育既要注重理论灌输，传授给初中生基本的生态环境知识与技能，还要立足于现实，在现实生活中去挖掘生态教育的素材，让他们自己去探索新知识、获得生态新技能，并将这些知识与技能最终运用到现实生活中去。生态观教育的最终目标就是让初中生在现实生活中主动去践行生态环境保护行为，使生态环境保护意识深入人心，生态环境保护行为渗透到每个初中生生活的方方面面，所以要积极开展户外实践活动，结合具体的生活场景对初中生进行教育。例如，外出春游或者其他班级集体活动时，观察他们是否始终主动把自己制造的垃圾扔到垃圾桶，这一举动足以说明生态观教育的成效，这也是检验他们生态知识有没有转化为生态文明行为的重要指标。初中生的生态理论丰富与否都是次要的，主要看他们能否转化为具体的生态文明行为。

理论与行为是相互促进的，只有在不断充实理论的基础上，积极践行生态文明行为，在实践中不断深化生态文明理论，做到理论与实践相结合，才能逐渐提高初中生生态观教育的实效性。

3. 层次性原则

层次性就是教育者要根据初中生的不同生态观现状和觉悟水平分层次进行教育。由于每个学生的先天因素、后天的影响，以及各自努力的程度不同而导致的品德和行为的差异是客观存在的，要深入了解学生的生态观现状，根据其现有的生态观水平选择合适的教育内容与教育方法进行针对性教育。

首先，弄清楚初中生有哪些层次，选择划分层次的标准。一般是按照初中生的年级进行划分的，方便进行教育资源的整合。

其次，根据初中生的思想层次特点，正确选择教育内容和方法。生态观教育对初一、初二、初三的教育内容与方法应该是由低往高、由简单到复杂的，要体现出生态观教育的层次性特点。

初一学生的生态观教育内容最为简单直接，引导他们走进自然、珍爱生命，初步体会生态环境与人的生存之间的关系，掌握环境保护的基础知识，形成节约资源的意识；初二的生态观教育就上升到学习和遵守生态法规了，学习我国环境保护的基本国策和相关的生态法律法规的内容，知道每个公民的环境保护责任与义务；初三的生态观教育就侧重于对学生的生态保护知识与能力的提升，不仅要学习生态环境问题的国内外现状还要探究其根源，要学会保护环境的方法与能力，养成环保的行为习惯。

最后，虽然学校年级已经很明确地对初中生的层次进行了划分，但每个学生都是独立存在的个体，是有思想、有个性的个体，教育者要根据每个学生的差异性和独特性进行有针对性的教育，充分发掘每个个体的潜能，保证初中生都能掌握最基本的生态知识、践行生态行为，并且要引导他们追求和维护生态正义。

（二）初中生生态文明观教育内容的体系构建

科学的生态文明观教育的内容体系是顺利开展生态观教育的前提，初中生生态观教育目标的层次性决定了内容结构体系的层次性，教育内容是以初中生的知、情、意、信、行内部诸要素的辩证发展为主线，以生态知识为载体，以丰富的实践活动为依托，旨在不断提高初中生的生态情感和生态保护能力，坚定他们的生态保护信念，促使初中生的生态意识转化为生态行为。

1. 激发生态意识

生态意识是反映人与自然环境和谐发展的新的价值观。生态行为的落实要以强烈的生态意识为依托，而要激发初中生的生态保护意识，最重要的就是引导初中生亲近自然、感悟自然，在与自然的平等对话中，倾听自然的声音，使初中生感受到万物皆有生命，树立尊重自然、尊重生命的意识。此外，还要进行生态危机意识教育、形势国情教育和生态责任意识教育，让他们了解到生态环境现状，知道环境危机的严重性，激发他们保护环境的意识。

（1）生态危机意识教育。在走进自然，有了一定的自然生态知识基础之后，还要进一步引导初中生进行思考。在生态环境危机重重的今天，我们有必要对初中生进行正确的生态危机意识教育，让他们了解生态危机的产生和发展历程，产生的原因、具体表现以及解决路径等。这种生态危机意识教育，一方面可以防止社会上的虚假宣传引起的恐慌；另一方面也可以引起初中生对生态环境问题的关注，为环境保护贡献自己的一份力。引导他们接触生活中真正的生态危机事件，以实地走访的形式最为有效，可以去一些水污染、固体废弃物污染和草地退化严重的地方进行调研，让他们自己去发现这些污染带来的影响。考虑到安全问题，也可以放映电影或者纪录片，让他们主动思考各个环节之间的相互联系、相互影响，以真实存在的情景案例让他们主动去分析、判断这些危机对自然和人类造成的影响，去探究产生这些现象的根源，最后回归到人类本身的行为上，使他们明白自然是人类生存与发展的前提和物质基础，人与自然是一个整体，人类要不断地从自然中获取生存发展资料，对自然环境的破坏就是对自身生存环境的破坏，环境污染已经严重威胁到人类的生存与发展，人类对自然造成的难以修复的灾难都终将得到自然的报复，激发他们对环境的热爱之情和改变自己行为的决心。

（2）形势国情教育。自工业革命以来，人与自然的关系越来越紧张，各个发达国家先后爆发生态危机的根源就在于经济发展所采用的盲目和过度的生产活动。西方发达国家在不断遭受各种各样的环境灾难后，终于意识到人类行为对自然造成的破坏的严重性和这种粗放的经济发展方式的不可持续性，开展了对环境的治理工作，并宣传环保的重要性，意识到全球是一个生命共同体，发动全球共同治理和保护环境。

改革开放之后，随着经济和科技的发展，对资源开发的步伐不断加快，我国人口、资源与环境的矛盾不断显现出来，在这种情况下，我国实施了可持续发展战略、科学发展观以及节约资源和保护环境的基本国策来治理生态环境。基于中国社会主义仍然处于并将长期处于社会主义初级阶段的基本国情和社会经济发展的现实要求，我国的经济建设不能走发达国家"先污染后治理"的老路，要保持经济的持续健康增长，必须探索新的经济发展模式，走一条生产发展、生活富裕和生态良好的文明发展道路，保护环境刻不容缓。把生态文明建设放在突出位置，生态文明社会成为实现社会主义现代化、伟大中国梦、美丽中国建设和全面建成小康社会的必然要求。对初中生进行国内外生态形势教育，帮助初中生梳理全球生态史和中国独特的生态史演变过程，让他们初步了解生态观教育的重要性与必要性，夯实理论基础，让他们在听历史生态故事的同时受到启发，激发他们对生态的兴趣，为进行生态观教育的主导性内容的教育奠定基础。

（3）生态责任意识教育。生态文明责任按照内在属性的不同，可以分为生态文明道德责任和生态文明法律责任。

生态文明道德责任是一种非强制性责任，完全靠初中生的自觉自愿去履行，受到道德谴责的生态行为比法律所禁止的行为要多，像随意践踏草坪、浪费水电和捕杀鸟类等行为，可能并不会违反法律，但肯定是应该受到道德谴责的行为。初中生要积极承担道德义务，用高道德标准要求自己，主动实施生态文明保护行为，当自己做了有损于环境的事情时，应有羞耻之心，有荣辱意识，多思考自己的行为可能带来的不良影响，多向道德楷模学习，制定自己的最低行为底线，严格守住底线，决不逾矩。

生态文明法律责任则是一种强制性生态责任，是每个初中生都应该遵守的生态义务，一旦初中生做出了违反生态法律法规的行为，就会受到法律的制裁。我国公民享有居住在良好生活环境的基本权利，也就具有保护环境的义务，初中生要自觉守法、用法，维护法律尊严，遵守法律规范。我国宪法明确规定：禁止任何组织或者个人用任何手段侵占或者破坏自然资源。我国也相继出台了很多环境保护相关的法律法规，如《大气污染防治法》《森林法》《环境保护法》和《水土保持法》等。

保护环境是每位公民要履行的一项生态义务，初中生当然也不例外，只有加强生态相关的法律知识学习，才能知法、守法，自觉履行生态文明的法律责任，不做违反生态法律的事情。

2. 掌握生态知识

在具备生态意识基础上，及时对初中时进行生态相关知识的教育，以史为鉴，为初中生的良好生态意识和生态行为习惯的培养提供理论支撑。

（1）生态自然科学教育。"多元智能理论"[①]里的一项重要智能就是"自然智能"，它是指在环境中对多种植物和动物的认识与分类能力。自然智能比较发达的人总是精力充沛，喜欢观察自然界的动植物，表现出对环境保护和濒危物种的强烈意识，所以要想激发初中生的生态意识，培养他们的生态情感，最重要的就是鼓励他们亲近自然，认识更多的动植物及其作用，例如，鼓励他们养殖吊兰，在养殖的过程中学习吊兰的生长环境，让他们观察昆虫的成长过程，了解昆虫的习性等。了解自然现象中包含的科学知识，例如，朝霞不出门，晚霞行千里，彩虹出现的原因，热胀冷缩，地震前的动物的异常反应，激发他们对自然的探索欲。

（2）当代生态文明理念的运用。生态环境问题归根结底是发展问题，是由发展道路

---

① 多元智能理论（theory of multiple intelligences，简称 MI 理论）由美国教育学家和心理学家加德纳（H. Gardner）博士提出，是一种全新的人类智能结构的理论。它认为人类思维和认识的方式是多元的。

和发展方式决定的，生态文明建设实质上就是一场绿色革命，是对生产方式和生活方式的深刻变革。中国要持续健康发展，就必须树立尊重自然、顺应自然和保护自然的生态文明理念，坚持节约资源和保护环境的基本国策，走绿色、低碳、循环的发展道路，改变传统的消费观念，形成绿色的生产生活方式，为人民创造优美的生产生活环境，为全球生态安全做出贡献。因此，必须对初中生进行生态文明理念和生活方式的教育，具体体现在生态消费观和生态科技观两个方面。

第一，生态消费观。传统的消费主义消费观是在向自然索取生活资料的基础上，最大限度地满足人的消费需求，这种消费观无疑是导致生态问题的重要原因。要进行绿色生态文明观教育就必须从根本上破除这种片面的消费观，避免攀比消费、从众消费和超前消费等，教导初中生做理性的消费者。初中生应在生活中坚持适度消费、绿色消费，积极参与学校、社区等组织的废物回收利用、废物创意比赛和环保主题演讲活动等，做环保宣传使者，向同学、家长和社会人员多普及生态文明消费观念。

第二，生态科技观。生态科技观的本质是重新思考人类与自然的关系，把孤立的科学技术放到自然与社会的有机整体中进行发展与创新，使生态理念贯穿科技发展的始终。生态科技观属于道德的范畴，它可以使初中生形成正确的生态责任感和义务感，关心科技运用的结果，自觉抵制对生态有害的行为。科技是国家和社会发展的助推器。但科学技术也是把双刃剑，我们在对初中生进行生态科技观教育的时候，既要充分肯定科学技术的巨大推动作用，又要强调科技滥用带来的严重后果，引导青少年努力学习科学文化知识，不断探索解决经济发展与环境之间矛盾的方法，树立正确的科技观，学会运用相关知识和技术，为我们未来的美好生活贡献力量。

3. 培养生态道德情感

除了要激发初中生的生态意识、掌握生态基本知识之外，生态文明观教育的另一项重要内容就是要培养初中生的生态道德情感，情感是一种价值关系的体现，如果外界能够满足主体的相关需求，主体就会产生一种认同感。加深初中生对自然万物的生命平等观念和生态保护责任感，是引导他们把生态文明意识和生态知识转化为良好生态行为的重要一环，只有初中生从内心真正认同生态理念，生态文明观教育才能起到事半功倍的效果。

教育者在开展生态文明观教育时，要把握的关键就是培养初中生对自然的尊重和赞美。人类需要不断从自然界获取生产生活资料，在自然满足人类各种需求的同时，人类应该学会敬畏自然，知足知止，在尊重客观规律的基础上，对自然进行开发利用，而不是为了私欲肆意破坏自然，树立尊重自然、顺应自然和保护自然的生态理念。我们要培养初中生的社会主义生态认同感就要让初中生对我国的生态现状和形势国情多了解，树立正确的消费理念，并且要建设优美和宜居的生态环境，建设生态示范城市和生态农业循环体系，才能逐步提高初中生对生态的认同感，甚至是对社会主义的认同感。只有从内心真正接受和认同生态建设，才能更好践行生态行为。

4. 坚定生态信念

生态信念是人们对一定社会的生态原则、规范的内心信仰，持久性的良好生态文明习惯的践行，需要坚定的意志力和崇高的信仰，培养初中生坚定的理想信念和崇高的信仰是坚定初中生意志力的关键。初中生的理想应包括个人理想和社会理想。

个人理想包括生活理想、职业理想和道德理想，所以在对初中生进行个人理想教育时要把生态环境理想穿插其中，生活理想中缺少不了优美的生态环境，职业理想也可以是园林设计、生态科技创新工作人员和环保工程师等，道德理想则应该是以更高的标准严格要求自己，尊重生命，万物平等，最低要求就是无损于自然。

社会理想则是对未来社会发展图景的总体规划以及对此的不懈追求，初中生应该树立共产主义的远大理想，共产主义是人人得到自由而全面发展的社会，是人与环境和谐相处的生态文明社会，初中生要为实现共产主义而奋斗。信仰需要建立在科学的理论知识之上，生态科学知识和生态法律法规都是初中生需要学习的科学理论，树立坚定的生态信念，才能在复杂的社会环境中明辨是非，把握好正确方向，才能对各种生态现象进行深刻剖析，对各种生态问题进行深刻的思考，不受各种利益的诱惑，直面各种困难，为生态文明社会奋斗终生。

5. 规范生态道德行为

所有的生态内容教育的最终目的，都是通过对初中生思想的引导来规范他们的行为，培养他们良好的生态文明习惯，自觉遵守生态法律法规，养成高雅的休闲娱乐方式，抵制不良诱惑。

（1）自觉遵守生态行为规范。生态行为规范应该包括三个部分的内容：生态道德规范、生态法律规范和生态日常规范。

第一，生态道德规范是约束全体公民的生态伦理规则或者准则，如不随意践踏草坪、爱护野生动植物、公共场所禁止抽烟等。

第二，遵守生态法律规范。健全的生态法律法规体系是进行生态文明观教育的法治保障，初中生不仅要主动学习法律法规知识，还要积极宣传我国的生态法律法规，做生态环保的形象大使，拒绝并劝阻各种破坏环境的行为。初中生应学习一些与生态相关的法律法规，如《中华人民共和国环境保护法》。还要关注国家生态环境保护的最新政策。生态法制观教育的最终目的不仅是引导初中生掌握生态法律知识、自觉遵守生态相关的法律法规，而且要求全民宣传生态法律法规，积极参与生态实践活动，在不断增强生态意识的同时，使生态法治观念深入人心。

第三，还要教导初中生遵守生态日常规范。所谓生态日常规范是指日常生活中每一位公民都必须遵守的生态文明规则或准则，如节水节电、光盘行动、绿色购物等生态消费类规则，无害化生活垃圾处理、无害化排放等生态环保类规则，造林护林、退田还湖等生态修复类的生态行为规则。初中生按照生态日常规范严格要求自己，能够逐渐养成良好的生态文明行为习惯，不仅有利于自身素养的提升，还有利于和谐社会及美丽中国的建设。

（2）培养高雅生态休闲方式。生态休闲观教育是指教育者通过引导学生树立科学、健康和文明的休闲生活观念，使他们建立一种高层次、高品位的能提升人生品质的休闲方式，实现人与自然的可持续发展的教育。生态休闲方式具有自然遵循性、自愿参与性、自由快乐性。

首先，自然遵循性，如生态旅游休闲方式，留下的只有脚印，带走的只有照片，使生态旅游区成为提高人们生态意识的天然大课堂。

其次，自愿参与性，要培养初中生高雅的兴趣与情趣，使他们自觉抵制庸俗的生活方式，有意识地培养自己读书、听音乐、跳舞等修身养性的良好兴趣爱好，选择积极健康的娱乐休闲方式，促进身心健康发展。

最后，遵循自由快乐性，教育者可以利用节假日带领学生开展短期的生态实践活动，如大气治理考察、夏令营和绿化小卫士等，在生态实践中锻炼他们的生态环保能力，充分利用野生动植物园、科普馆和生态示范园等教育基地开展环保活动，在娱乐休闲活动中使初中生感受到自然景观的美好，主动爱护自然、保护自然。

三、初中生生态文明观教育的发展策略

（一）加强初中生个人的自我教育

家庭教育、学校教育、社会教育等外部因素只能对初中生的生态观教育起到补充作用，影响初中生生态观的主要因素还是内因，也就是初中生对自身的自我教育。内因是主导因素，外因也要通过内因起作用，只有初中生充分发挥了主观能动性，主动进行自我教育，才能逐渐学习、理解和消化生态知识，并在此基础上把学习到的生态知识内化为生态意识、生态情感和生态意志，最终通过不断强化，外化为生态行为，在实践中得到升华。

1. 学习生态知识，增强生态意识

初中生应树立正确的生态观念，正确认识人与自然的关系，摒弃"征服自然"的思想，树立人与自然和谐相处、共生共荣的观念，而观念的改变不是一朝一夕的事情，需要生态知识的积累和生态意识的培养。理论指导实践，只有具备了足够的知识储备，才能明确当前国家要建设什么样的生态环境以及该如何建设的问题。学校教育是初中生获得生态知识的最直接途径，初中生应该努力学习生态知识，不仅在课堂上认真听讲，还应在

社会实践中不断丰富自己的生活阅历，在听取父母、社区工作人员和其他生态保护相关人员的经验基础之上，还应理论联系实际，主动参与社会实践活动，亲近自然，观察自然。

初中生不仅要关注表面的生态自然现象，还要透过现象看本质，剖析现象背后的深层次原因及其影响，在思考的过程中逐步培养自己的逻辑思维能力，思考生态相关问题的过程就是不断增强生态意识的过程。通过生态知识的学习以及社会实践，不断提高自身的生态危机意识、生态责任意识和形势国情意识，认识到自己也有环境保护的义务与责任。初中生只有努力学习生态知识，树立人与自然和谐相处的生态意识，才能形成正确的消费观念，不断规范自身的行为，指导自身自觉践行生态环保行为。

2. 参加实践活动，培养生态情感与生态信念

初中生除了可以参加学校的环保讲座、环保社团和环保实践活动外，还应主动在社会实践中激发自己对环境的保护意识，加强自律，注重自我教育，并且要树立理性消费、适度消费的消费理念，以指导自身的生态行为。

在社会活动中走近自然，积极参加社区组织的义务植树活动、地区的水体保护公益活动、志愿者服务组织等，探索自然的奥秘，爱护动植物，由衷地赞美自然、尊重自然和敬畏自然，不断提高对自然的认同感，只有从内心认识到自然的美好，树立人与自然平等的理念，才能在实践中去尊重自然、保护自然，逐步坚定自己保护环境的信念。在自我教育的同时，也主动宣传环保的重要性，倡导身边的人不做破坏环境的事情，为环保事业贡献自己的一份力。

3. 培养良好的生态行为习惯

对初中生进行生态观教育的最终目的，就是培养初中生良好的生态行为习惯。初中生要把生态行为落到实处，为现实社会的发展贡献个人的力量。作为一名初中生，我们应在现实生活中按照生态法律法规和生态道德要求严格规范自己的行为，从身边点滴小事做起，如不剩饭剩菜、节约水电、不使用一次性筷子、垃圾分类回收等，从自己力所能及的小事做起，不做破坏环境的事情，看到别人破坏环境要及时劝阻，自己身体力行来给同龄人甚至身边所有人做表率，以楷模的标准严格要求自己，接受他人的监督，自觉参加环保公益活动，养成良好的生态文明习惯，为生态文明社会建设出力。

（二）发挥学校教育的主阵地功能

学校教育是初中生接受生态文明观教育的主阵地，初中生的生态知识大部分都来自学校教育，初中阶段也是初中生的生态意识以及生态行为养成的关键时期。所以要培育初中生良好的生态行为，就要重视学校教育，加强校园生态环境、生态课程体系、教师生态素质和绿色实践活动的建设，以及学校相关制度建设，使学校充分发挥生态观教育的主阵地功能，培养出一批又一批生态知识渊博、生态意识强烈、生态情感深厚、生态

信念坚定、生态行为习惯良好的初中生，培养全面发展的社会主义接班人。

1. 生态校园建设

初中生的大部分时间是在校园中度过的，校园隐性教育资源会使初中生受到潜移默化的影响，要利用好校园的隐性教育资源对初中生进行生态文明观教育，生态校园建设包括校园环境建设以及校园精神文化建设。

（1）建设绿色校园环境。校园环境建设包括学校的生态环境、生态标识、生态设施等的建设。"破窗理论"是典型的环境育人的反面案例，要发挥学校环境的育人功能，就必须建设优美宜居的校园环境。

首先，建设生态宜居的校园环境，给学生营造良好的育人环境。学校里的绿化布局要合理，科学规划植被的覆盖面积，园林设计要赏心悦目，污水处理要得当，把学校建设成为充满个性、环境优美的花园。教师可以引导初中生去调查、了解学校的环境状况，让他们在调查的过程中，体会到校园绿化工作者的艰辛，例如，让初中生去观察校园中存在的"脏、乱、差"现象，像随地扔垃圾、践踏草坪和浪费水电等情况；组织初中生参与打扫卫生、除草、浇树等生态环境保护活动，让他们在劳动的过程中体会工作人员的不易，自觉做校园环境的维护者。引导初中生从点滴小事做起，养成文明生活习惯，共同建设绿色校园。

其次，完善校园生态标识建设。例如，让每一个学生自己撰写一个环保标语牌插在草坪旁边；在走廊上、楼梯间和公示栏拉上环保宣传横幅或者进行环保讲座和环保活动的宣传；在每一个班级后面的黑板上绘画环保宣传板报；在校园内多放置垃圾分类回收箱；建立学生环保社团，如绿风环保社；定期用绿色盆栽换旧书本和塑料瓶等。处处提醒初中生培养环保意识的重要性，利用外在刺激引起初中生的环保注意力。

最后，完善实验室、图书馆、多媒体室、礼堂等现代化设施的建设，以及操场等校园体育设施和器材的建设。尤其是图书馆，它是学校中学习氛围最浓烈的地方，图书馆里应该有相当多的关于环保的书籍和报刊，而且要结合初中生的阶段性特点，不能存放一些太难理解、太抽象的生态科学知识书籍，而应该是关于生活中的一些生态破坏的案例分析或者国内外生态环境形势之类的书籍，以及一些简单的生态自然科学知识，让他们理解环境问题的紧迫性和严重性，自觉保护环境。无论校园环境哪方面的完善，都有利于初中生的生态文明观教育，生活在一个优美、和谐、设备齐全的校园环境中，会更有利于初中生生态情感的培养。

（2）加强校园精神文化建设。校园的精神文化是一个学校的灵魂所在，要规范初中生的生态行为，就要建设好校园精神文化。建设校园精神文化要结合校园文化以及重要的环境保护日进行生态文明观教育，充分利用好教学楼走廊、黑板报、校园宣传橱窗和校园广播等宣传阵地进行生态环保宣传，营造健康、和谐、向上的育人氛围。

加强校风建设。校风是一个学校各种风气的总和，包括学校领导的工作作风、教师的教风、学生的学风以及学校历史积淀下来的传统文化精神和学术探索风气。优良的校风是一种氛围，置身在这种氛围中能让人受到感染和熏陶，促使师生规范自己的言行，自觉抵制不良生活习惯和风气的蔓延，学校规章制度中也应对老师和学生的生态言行都做出适当要求。良好的校风能够促使初中生在践踏草坪、乱扔垃圾时，产生一种羞耻心，从而自觉改变自己的不良生活习惯，逐渐形成良好的生态文明行为。

加强班级文化建设，班级的文化建设与校园精神文化建设相辅相成，营造和谐、健康、向上的班级文化对初中生意义重大。发挥班级的智慧，让学生自己制定出与生态相关的班规和生态目标，自觉执行。班主任也可以定期开展生态主题班会，评选班级生态环保达人，作为榜样供其他同学学习，加强班级精神文明建设，创造班级生态文化特色，这对每一个学生的生态认知与行为都有重大影响。

2. 生态课程建设

（1）丰富课本内容、挖掘生态素材。所有学科都要渗透环境教育。各个学科的任课教师都应把教科书中与环境教育有关的内容自然地与社会环境现实联系起来，进行课堂整合及渗透性教育。

（2）开设生态观专题课程。鼓励各科老师重视自己学科的作用，挖掘生态相关知识进行教学。此外，除了班主任要定期开展环境保护主题班会，还应请生态专业老师进行生态观专题教育，把生态观教育放在和其他学科平等的地位，并像其他学科一样进行相应的考核，这种考核并不一定要以考试的形式进行，可以通过生态记录、生态活动等形式贯穿于平时的教学活动之中，不断提高学生的生态素养。

生态专题课程的开展，必然涉及课程本身的设置和生态教师的选择。生态专题课程不应该仅仅侧重于课堂教学，而是应该以实践活动为主，把社区、自然资源、科技馆、文化中心、森林公园等作为校外教室，穿插一些探究性课程，引导学生自主学习、合作学习。多开展趣味性的生态主题活动，如黑板报、环保辩论赛和演讲比赛；结合世界水日、世界森林日和植树节等环保日进行征文比赛，并且每次比赛都要在校内做好宣传工作，利用好走廊、告示牌和横幅等进行环保讲座、环保比赛等的宣传；在校内开发出一块一块的小型生态基地，动员全体师生来呵护自己班级的生态基地，使每个班级都有项目进行，每个学生都可以参与种植、养护和管理等，在付出劳动的同时学会承担责任，享受呵护环境的喜悦。生态专题的教育内容也应该以系统的生态知识为主，分层次地选择教育内容进行针对性教育，生态专业教师则可以从生态环保部门的专业人员或者学校生态环保工作研究者中进行选择，而不是由其他学科的老师兼任。还要经常请一些园林设计者、国家环境保护部门人员、学校环境教育研究学者、社会环保运动社团、国际环保组织等生态环保的相关人员来学校进行生态知识、生态实践的经验分享，让学生接触外部世界，而不是仅仅局限在学校里。只有学校重视生态环保观念的教育，并为生态观教育提供足够便利的条件，生态观教育才能事半功倍。

3. 开展社会实践活动

学习的目的就是把知识运用到现实生活中去，初中生的生态文明观教育只在课堂中进行是远远不够的，还要与生产生活相结合，渗透到初中生的生活中去，引导初中生积极参加社会实践活动，体验生活，在活动中不断深化对环境保护的理解，自觉养成良好行为习惯。

（1）建立绿色社团，开展环保活动。学校可以组织一些环保社团，由教师指导，学生自己组织和招募社员，在保证学生安全的情况下，开展各种环保活动。例如，通过定期的垃圾回收换盆栽绿植活动，引导初中生树立垃圾分类回收、循环利用的观念；"跳蚤市场"也是循环使用、交换互利的典型活动，引导初中生交换各自手中暂时用不到的二手物品，通过闲置物品互换，达到各取所需的目的，初中生可以把自己看过的杂志、名著、小说、文具以及玩具，甚至自己利用废弃品做出的一些创意饰品拿来交换，通过物物交换或者以金钱为媒介来进行资源的重新分配；"志愿服务公交"活动，同学们在服务中倡导文明出行、绿色出行，并且身体力行，引导群众自觉乘坐公共交通出行；"绿色环保金点子"大赛，比赛谁的环保点子多并且实用，让生活中的琐碎事情变成金点子，让生活一角变废为宝；学习环保模范活动，评选环保榜样让同学们学习，只有真人真事才能赢得大众的信任，近在身边的人物才更有说服力和感染力；开展"生态法治进学校"活动，以生态法律知识竞赛、环保讲座等形式进行生态法律知识的普及；学校之间可以开展"绿色校园"评比活动，互相督促建设绿色和谐校园。

树立典型是进行思想政治教育最常见的一种方式，典型不仅包括正面典型，还包括反面典型，正面典型可以起到示范带领作用，反面典型也可以起到警示震慑作用。首先，典型可以通过活动性比赛选出，如开展绿色环保演讲比赛、志愿者服务以及生态绘画等活动，不管什么形式，只要按照一定的规则选择出优秀典型，就可以作为学习的榜样；其次，学校的宣传栏、黑板报、标识牌和横幅等都可以进行环保宣传，宣传栏和黑板报版面充足，可以用来宣传地区或者国家性环保人物的环保事迹，供学生们学习，或者选择一些负面典型的事例造成的后果，警醒初中生不要破坏环境，标识牌和横幅则可以写一些环保标语；最后，最重要的是要建立相应的奖惩机制，做到赏罚分明，对于那些保护环境、弘扬正能量的人和事要进行奖励和表扬，而对那些破坏草坪、摧残树木的学生则要进行相应的处罚，对于那些屡次破坏公共环境还不知悔改的，更要给予严厉的惩罚，只有赏罚分明，环保事业才能事半功倍。

（2）充分利用环保节日，组织体验自然活动。学校或者班级可以组织与生态节日相关的自然体验活动。如世界水日，可以组织学生到城市自来水供水源地进行参观，教育学生要保护水源地，节约用水；每年的植树节要求全校师生共同参加劳作，植树、浇水、除草、施肥，为我国的环保事业贡献自己的一份力；结合爱鸟日，带领学生去参观鸟类博物馆，了解各种鸟类，组织学生查阅各种鸟类的生活习惯和栖息环境，在活动的过程中加强环保意识；世界粮食日要向同学们讲述世界因贫穷、饥饿而死去的人仍有很多，倡导学生节约粮食，不剩饭剩菜。总之，要充分利用国家的环保节日进行环保宣传。

4. 提高教职工生态素质

要激发初中生学习生态知识的兴趣，充分调动初中生生态学习的积极性，就要构建良好的师生关系，良好的师生关系有利于为初中生生态知识的学习创造有利的学习环境。培养学生自主学习的能力，使他们养成怀疑一切的习惯，充分调动他们学习的积极性和乐趣，这不仅要求教师要与时俱进，学习生态知识和生态技能，还有学校行政人员以及后勤人员也要不断提升自身素质。

（1）加强生态学科队伍建设，提高教师生态理论素养。教师是初中生学习和模仿的对象，他们的一言一行都对初中生有着潜移默化的影响，教师的不良行为必然对学生造成负面的影响。所以要进行生态观教育，就必须加强环保人才队伍建设。

首先，必须引进生态专业的教师，引进的数量和学历由学校按情况选择，生态专业教师是学校进行生态观教育的必要条件。

其次，学校应该重视所有学科任课老师，尤其是与生态知识密切相关的学科老师的生态理论素养的培训工作。只有教师具备了扎实的生态知识体系才能对初中生进行系统的生态观教育，对初中生的生态观产生正面的影响，可以定期组织学校老师去著名高等师范院校进行生态知识的培训，各科教师应该认真学习生态知识以及生态教学技能，在向他人学习的同时，还要多参加生态社会实践，学会自我教育，这也是如今这个学习型社会对老师的新要求。

（2）创新教学方法，增强教师的主导意识。教师进行生态观教育时，应意识到自己的主导地位，注意生态观教育方式和教育内容的选择与优化，这也是生态观教育实效性的影响因素。教师应该有目的地选择一些符合初中生心理发展规律和思想政治教育规律的生态内容进行灌输教育，认真钻研教材，以教材为依托，深度挖掘生态知识，在主动了解学情的基础上，合理选择教学方法，以渗透式教育和活动探究式教育为主，注意趣味性与知识性的结合。采用学生喜闻乐见的形式进行生态观教育，用讨论、活动等形式代替传统的说教模式，善于利用新媒体技术和网络资源不断创新教育形式，调动学生学习生态知识的积极性与主动性。

（3）带头践行良好生态行为。只有系统的生态知识还不够，教职员工还应以身作则，在强烈的生态意识的指导下，自觉践行良好生态行为，养成生态文明习惯。由于教师职业的特殊性，教师应时刻注意自己的言行，起到表率作用。

教师主要通过两种途径对学生的生态观产生影响：一方面是通过施加外在规则约束初中生，另一方面是通过教师内在的人格魅力。教师要随时随地注意自己的言行举止所产生的影响，从小事做起，发挥自己对学生的积极影响。

（三）夯实家庭教育的基石

家庭是初中生成长的港湾，父母是初中生成长过程中的良师益友，家庭教育就是父母在与孩子相处的过程中，以榜样的力量去引导孩子形成正确的观念和良好的行为习惯。从小就在家庭中接受良好的生态文明教育，有利于初中阶段形成正确的生态观念和良好的生态文明习惯。由于初中阶段比较关键，初中生出去接触自然、参加实践的机会很少，所以在家主要是通过父母的言传身教和电视媒体的宣传受到教育。身教大于言传，父母的一举一动都对初中生产生着巨大的影响，家长以身作则，率先垂范，给孩子树立起好的榜样，做孩子行为的先导，这种无声的隐性教育往往比单纯的说教更有效果。

1. 提升家长生态素养

家长的生态素养主要是指家长自身的生态意识、生态知识水平以及生态环保行为。家长在提升自身的生态素养的同时，还应注意转变自己的教育观念和教育方式方法，把生态环保教育渗透到家庭的点滴小事之中，与学习教育相互配合，共同引导初中生树立正确的环保观念，督促他们践行生态环保行为。

（1）提高家长素质，发挥家长的榜样示范作用。

首先，培养初中生正确的生态文明观念和良好的生态行为习惯，家长就必须具备一定的环保知识，可以利用广播、电视、网络等媒体资源学习生态相关知识，了解我国的生态现状和相关政策，不断积累环保知识，提升自身素质，只有家长自己具备了充足的生态知识，才能在生活场景中全面渗透生态知识教育。

其次，提升家长的生态意识。家长生态意识水平的提高，一方面需要自己不断学习生态知识，结合实践探索来提升生态意识；另一方面也可以多参加学校、社区举办的环保知识或环保技能的讲座或者比赛，向那些家庭教育比较成功的家长学习环保经验。

最后，家长要主动践行生态环保行为。初中生的可塑性比较强，这个阶段的初中生会模仿家长的一举一动，所以家长的言传身教是对孩子无声的教育。家长要给孩子一个绿色的家庭环境，注意家里的整体布局要合理，要有绿色植物的存在，还应从生活中的小事做起，如垃圾分类处理、正确处理废旧电池、废旧衣物的回收利用、拧紧水龙头、出门关灯等。家长在这些方面有了好的示范作用，初中生在每天的耳濡目染下，也一定能做好这些点滴小事，自觉保护环境。

（2）转变家长教育观念，鼓励孩子参加社会实践活动。初中阶段的学业确实很重要，但这一时期初中生的行为习惯培养也很关键，要注重初中生的全面发展，不要仅以成绩好坏作为成才的标准，家长应鼓励孩子积极参与社会实践活动，尽量能够以身作则和孩子共同参加活动，在实践中不断增长环保知识的同时，也增进了亲子关系。例如，周末带孩子去公园游玩，教育他不要乱丢垃圾和践踏草坪等，带孩子去参观博物馆、水厂和生态园甚至去体验一些农村农活等，在玩乐中培养初中生对自然的热爱之情，增强保护环境的责任感。此外，家长还可以和学生一起去参加环保志愿者服务活动，在社会服务中共同体验环保的乐趣。

（3）改变家长式教育方式，进行民主平等交流。家庭教育具有及时性，父母要抓住生活中的每一个场景，对孩子进行生态文明观教育，但也要讲究教育的方式方法。如果还一味地采用简单粗暴的单向批评说教或者体罚方式进行教育，难免引起初中生的反感，使初中生的叛逆心理越演越烈。要缓解或者预防这种冲突，改善家长与初中生之间的关系，就要建立平等民主的交流方式。要放低姿态，以一种平等的身份给孩子讲授一些节约粮食或者保护环境的故事以及常识等，让孩子意识到自己的错误，鼓励他们下次要做得更好。当他们不再剩菜剩饭或者把垃圾扔进垃圾桶时，也不要吝惜自己的赞美，给孩子学习的空间和时间，不要苛求完美。

2. 树立绿色低碳的家庭消费理念

初中生作为社会中的一员，生态观念也难免会受到其他人的影响，其中，对初中生的生态观影响最大的就是家庭观念，而家庭的消费结构以及父母的消费观念与初中生的生态观联系最为紧密。因此，在对初中生进行生态观教育的过程中，家庭教育必须发挥正确的引导作用，与学校教育相配合，帮助初中生树立理性、绿色的消费理念。

（1）调整家庭消费结构。人类的生活消费从本源上来讲就是绿色消费，人类正是依靠绿色有机食品和其他产物而生存发展的。但随着科学技术的发展，化学产品和转基因产品开始动摇绿色产品的地位，所以家庭消费中首先应满足最基本的生存资料消费，这本身就是绿色消费的内容。享受性消费和发展资料消费则要按照家庭经济状况量力而为，适度消费，并且要考虑到消费所带来的影响，尽量使绿色、低碳消费在家庭消费比重中能够不断提高。总体上来说，农村家庭的生存资料所占比重较高，在满足基本生活需要的条件下，农村家庭应该多进行一些发展资料的消费，例如购买环保书籍报纸、参加环保专题讲座、参加环保实践活动等；城市家庭的生存资料占比相对较小，但享受性消费占比明显过高，城市家庭应减少享受性消费支出，尽量限制家庭去饭店、购买奢侈品等的消费支出，尽量乘坐公共交通出行，购买节能减排、干净卫生、绿色低碳的产品而不是价格高的商品，把多余的开支均衡到发展资料消费中去，可以组织环保公益活动、大型生态募捐活动、邀请生态名师进行生态讲座等。为当地的学校、社会生态基础设施和自己孩子的生态观教育做出贡献，提高思想觉悟。

（2）树立绿色消费观念。绿色消费以保护消费者健康和节约资源为主旨，最终目标是实现合理利用资源，保护生态环境，实现生态系统内部物质、能量交换的良性循环和可持续性发展，实现经济效益环境效益的有机统一。家长应树立绿色消费观念，给初中生树立起好的榜样，通过自己的绿色消费行为潜移默化的影响孩子。

首先，家长应该在平时的消费行为中注意勤俭节约，避免铺张浪费，进行适度消费。要让初中生要根据自己的消费能力适度消费，不过度消费。

其次，家长应该避免情绪化消费，树立理性消费理念。超前消费也不是理性的消费观念，反而是自制力较差、不能做出合理规划的表现。要引导孩子按需购买，避免资源的浪费。还可以和其他亲戚交换，循环交换使用一些玩具、书籍等。

最后，家长在生活中应注意践行绿色消费行为，发挥榜样的示范作用。例如，在订外卖时，不使用一次性筷子；去超市时自备布袋，不使用塑料袋；不买卖野生动物制品等。初中生的生态观念除了学校教育，还很大程度上受到家庭观念的影响，如果家长能够积极配合学校的生态观教育，给学生以正面的积极引导，而不是抵消孩子在学校所受到的正面影响，孩子的生态观教育必然会事半功倍。

（四）拓展社会教育的平台

社会教育是家庭教育和学校教育的延伸，初中生作为社会中的一员，必然要受到社会的影响，社会的各级政府部门、社会组织、社区以及其他相关部门都应该做出行动，对初中生的生态观教育起到积极的导向作用。

1. 建设文明社区

社区是城市社会建设的基本构成单元，也是生态文明建设与和谐社会建设的基础。要努力把社区建设成为全国生态文明社区示范点，综合治理社区环境，不仅注重社区的生态环境建设，还要注重社区的人文环境建设，建设和谐、绿色、奉献的社区，不断提高社区的人文综合素质，大力推动社区人与自然的和谐发展。

（1）建设生态宜居社区。良好的社区生态环境是城市可持续发展的基本要求，也是人与自然和谐发展的具体表现。随着城市化的推进，城乡社区建设也越来越重视环境整治，社区不仅在外观上更注重干净、整洁、绿色，内部结构规划也更趋于合理。

首先，建设生态宜居城市要注重社区生态环境的建设。社区绿化面积的覆盖率要达到30%以上，绿地内植物覆盖率要在80%以上，其中草地面积应控制在40%以内，给其他的灌木、竹类、观赏性树木留有足够的生长空间，各种树木之间的间距也要合理，不能过于密集，社区还应派遣专门的绿化维护人员定期对社区的草地、树木进行修剪和清理，并打药除虫。如果社区经费有限，无法进行大规模的集中管理，可以组织群众自主管理，让喜欢种花种树的老年人或者年轻人主动承担社区附近的绿化，这样不仅绿化效果更好，也能使种花人得到归属感和成就感。

其次，要加强前期规划，合理布局。在社区的前期规划中应把环境保护和生态发展考虑进来，国家也要完善相关的法律法规，加强政策的引导，以优美的社区环境和低碳环保为目标，结合社区特点和历史文化传统，因地制宜制订详细的生态建设规划和执行措施，有序推进生态社区建设。

最后，还要完善社区的相关管理制度。①充分发挥物业公司的作用，使其承担社区公共设施，如广告牌、霓虹灯、公厕的管理，社区公共绿地的养护，以及垃圾的分类回收；②强化环境保护和治理工作，社区应配合环保部门做好生活污水的管理，及时处理环保投诉问题等。

（2）组织社区环保公益活动。社区人与自然和谐相处的关键是提高居民的综合素质，社区应该以弘扬先进文化和建设学习型社区为目标，开展丰富多彩的精神文明建设活动。社区可以定期组织生态环保讲座、生态知识竞赛和生态环保志愿者活动等，从每次活动中评选出现先进典型示范，在社区加以宣传和鼓励，再结合本社区的环保特点，形成自己社区的环保标志、社区环保之歌和社区环保精神等，让社区居民有环保目标去实现，有环保典型来学习，再结合生态环保节日开展主题活动，主动邀请初中生奉献体力以及智慧，这样初中生的生态环保行为就有了思想引领和行为导向。

（3）创新生态文明社区建设载体。充分利用高科技手段和信息化平台，实现生态文明社区建设载体的多样化。

首先，可以通过树立先进环保典型和身边的环保道德榜样，对社区居民进行生态观教育，鼓励初中生主动参与社区举办的"最美环保志愿者""最美环保志愿服务小区"和生态环保模范公众推选等活动，利用社区广播、社区内网和微信推送等形式广为宣传，让初中生在参与社区活动的过程中，感受社区生态文明建设的主体参与性和群众积极性。

其次，通过社区宣传栏、社区官方微信、社区报等形式实现社区政务公开，在引导社区居民关注社区政务的同时，也主动宣传环保事迹、倡导环保行为，利用大众媒体对社区居民进行环保教育。

最后，还应加强科技投入。要在社区建设中逐步增加科技投入，不断提升居民的资源节约、绿色低碳意识，鼓励居民在日常生活中选用节能型产品，在建筑装修环节中尽量用节能环保材料等，为科技支撑性生态社区奠定基础。

2. 政府部门应重视生态教育

要更好地开展初中生生态观教育，应加大政府部门对初中生生态观教育的重视度，完善生态教育的相关法律法规，加强环保教育宣传，不断加强监督与落实情况。

（1）提升生态教育的地位。教育是人才培养的主要途径，政府应推进生态文明建设就必须提升生态教育的地位。

首先，学校生态文明观教育的展开，需要统筹规划，教育部门可以成立一个生态文明办公室，根据各省的实际情况制定生态文明教育实施纲要，以确保当地的生态文明教育落到实处。

其次，在初中阶段，初中生的学习仍然是以语文、数学、外语为主，对初中生生态观教育却不够重视，生态教育没有专职教师和专门的课本，这就要求国家教育部门进行正确的引导，出台正式文件确立生态教育的重要地位，保证学校生态观教育课程设置的规范性和生态专门教师的聘用与培训。

然后，还应在初中生的培养要求中强调生态文明素养，并适当要求生态文明实践活动的参与次数。

最后，还应加大生态观教育经费的投入，用于科教文卫事业的公益性建设，如青少年文化宫、科技活动中心和绿色示范校园建设等，这些文化事业的发展有助于在全社会营造绿色环保的氛围，强调全民环保的重要性，给初中生以良好的行为导向。此外，还应留一部分预算，用来给社会生态环保榜样颁发荣誉证书和奖金，让初中生在生态道德模范的带领下自觉接受生态观教育，践行生态文明行为。

除此之外，政府还应与其他相关部门进行协调。①应与交通部门进行协调，在学生上学的主干道上、公交站台、公路沿线墙壁以及公交车座椅上设置环保宣传图或者环保标语，让初中生每时每刻都受到环境教育。②还应该与文化事业管理部门交流协商。教师定期带领初中生去大型图书馆、湿地公园、博物馆和科技馆等场所，结合本地区特色进行环保教育，青少年活动中心、文化宫等也可以定期向初中生开放，由政府出资，定期举办各种形式的环保比赛，评出环保模范，进行表彰和奖励，让初中生体验到生态环境保护的浓厚氛围，潜移默化地受到生态观教育，自觉践行良好生态文明习惯。

（2）完善生态相关法律法规建设。政府可以通过经济手段、法律手段等引导社会发展方向。而在生态文明建设方面，政府的主导作用就体现在通过制定法律法规、进行生态决策、监督生态执法等推动生态文明建设。生态环境问题不仅仅是发展问题，还是重大的民生问题。党中央围绕着生态文明建设作出一系列重大举措，全国人大也加快了环保立法和执法力度，把生态文明的内在要求写入《宪法》《环境保护法》《大气污染防治法》和《环境噪声污染防治法》等相关法律的修订使环境污染治理有法可依，全面推动依法治国进程。

生态文明教育立法还应建立健全行政管理体制、资金保障体制、绩效评价体制以及人才培养制度，明确学校教育、干部教育、全民教育的重要性。尤其是教育部门在结合初中生的实际情况，制定相关法规、条例的同时，还应紧跟时代步伐，联合共青团、妇联、环保协会等社会组织定期举办环保宣传和实践活动，倡导初中生坚持绿色低碳的生活方式，引导初中生践行生态环保责任，把生态环保观念落实到具体行动中，共同建设天蓝、地绿、水净的美丽中国。

3. 环境宣传教育

（1）政府宣传部门要重视环保宣传。各级环保部门的宣教中心是受政府委托对全体国民开展环境宣传教育的专门机构，是中央环保政策的直接贯彻者，牢牢把握全国环境宣传教育的方向，可以组织各种与环境相关的纪念日活动、推动环保公益宣传和开展公众环保咨询服务等。

（2）发挥新闻媒体和公众的监督作用。新闻媒体包括广播、电视、报刊等传统媒体和微博、微信等新兴媒体，它最大的特点是方便快捷，新闻媒体的这种特点也决定了它更容易被大众所接受，进而更好地发挥环境保护教育的作用。可以开办并扩大环保报刊或者专栏；在媒体上公开环境质量状况，增加环境信息的透明度，以防不明真相者的造谣；进行环境警示教育，对破坏环境的典型违法案例进行曝光；还要加大执法力度，对每年的环境执法检查情况进行报道等。

（3）加强公众参与度。公众参与是指公众有权利参与和自己的切身利益密切相关的公共事务，有权利对公共事务提意见和进行咨询。公众参与环保的主要形式有：公众对环境的监督，如举报环境违法行为、参与环境影响评价听证会以及人大、政协建议和提案的处理；环境公益诉讼；公众参与环境宣传教育，如参与绿色学校、绿色社区、环保志愿者活动等。可以通过参加环保纪念日、参与绿色系列创建活动、参与环保民间组织、举办公众环保论坛等形式参与环保宣传教育。

综上所述，初中生的生态文明观教育不仅需要依靠学校、家庭、社会以及自身教育各自发挥相应的职责，还应促进家庭、学校、社会以及学生自身之间的有机联系，尤其是学校与家庭之间应加强互动沟通，社会也要营造出良好的生态环保氛围，整合、优化教育资源，使初中生在各方形成的教育合力下，树立正确的生态文明观念，养成良好的生态文明行为习惯。只有这样，才能为初中生的生态文明观教育提供良好在外在环境，促使生态文明思想内化为初中生的生态文明观念，继而指导初中生养成良好的生态文明行为，为建设美丽中国，实现伟大中国梦贡献自己的力量。

第四章　道德教育的人工智能模式与创新路径

第一节　道德教育的人工智能模式探析

"人工智能是以模拟人类思维模式和行为方式为特征的高度类人化技术，为教学辅助、教育评价和个别化学习提供强有力的技术支持。人工智能在道德教育领域的延展，反映了人们对新技术助力道德教育和美好道德生活的迫切需求，彰显了未来人工智能道德化与道德教育智能化相融合的'人工智能＋道德教育'发展走向。而道德教育区别于一般意义的教育，需要建构起与自身相适应的人工智能模式。"[①]

在当前的教学活动中，人工智能的应用无疑提供了诸多帮助，如人工智能在学习内容测试、教学评价以及个性化学习中的运用。这些帮助既体现在技术辅助的形式方面，也体现在针对性教学的内容方面。借助语音识别、图像识别、人机界面等技术，学生能够实时地提问并获得反馈，实现了较高程度的人机互动。同时，借助数据的收集、处理和分析，人工智能能够记录和追踪学习者的学习进度、偏好和能力等各方面的数据，从而及时地给出学习效果的评价以及具有针对性的学习建议和方案。

在具有如此多益处的背景下，道德教育的发展需要人工智能的技术助力。但是，道德知识并不同于一般性的科学知识，它更大程度上是实践的而非思辨的，因此道德知识的获得依赖于习惯主体的自由选择以及传统和权威等，而非一种理论知识的学习过程。对此，只有明晰道德知识与一般性知识的差异，以及道德知识的特殊教授方式，同时预知人工智能在教育运用中的丰富场景与风险，才能提出道德教育的人工智能的可能模式及规避风险的方略。

---

① 秦楠：《"人工智能＋道德教育"的潜在风险、价值规约及未来路向》，《当代教育与文化》2022 年第 14 卷第 04 期，第 9 页。

一、道德知识及教育的特殊性

在一般知识的教育中，特别是自然科学知识的教育中，学习主体常被要求接受一些普遍的原则，如几何学中的基本公理，它们具有最高的普遍性，因而适用于任何具体的场景。在这些普遍原则的基础上，一般知识具有演绎性的特征，即其余的知识能够从普遍原则中推论出来，因而知识学习的过程就是了解这些演绎步骤的过程，以及通过推论获知新的原则的过程。然而在道德知识中，主要是符合习惯和规范等的社会公共性原则的内容，这与道德知识的本质是相应的，即道德知识并没有描述任何自然中的基本属性。但这类知识同样是真实的，因为它们描述了我们对于一个规范系统的接受与否。所以，道德知识存在于主体和社会的互动之间，而非存在于一个独立的对象之上。

理智德性主要通过教导而发生和发展，所以需要经验和时间。道德德性则通过习惯养成，因此"道德"也是从"习惯"这个词演变而来。习惯作为获得道德德性的主要途径，这显著地区别于其他知识的获得方法。关于自然对象的研究称之为思辨的，它的目的是理解、认识对象；而道德德性研究的目的是实践的，它要求我们去运用、从事、实现这类知识，即同时拥有这些研究的对象。因此，道德知识在三个方面区别于一般的科学知识：①目的不同，科学知识的目的是思辨，而道德知识的目的是实践；②研究对象不同，科学知识的对象是自然的，而道德知识的对象是非自然的；③获得方式不同，科学知识依赖于感官知觉和理会，而道德知识则源于习惯。

除了通过习惯可以形成某一种德性外，在真正意义上获得道德知识还需具备三个条件：某人必须知道那种行为；某人因自身原因而选择它；某人因一种确定、稳固的品质而这样选择。其中对教育实践而言，最重要的莫过于自愿的原则，因为这相关于道德知识所包含的明智、适度等特征。

与一般性科学知识所不同，当人理解了勇敢、自制等德性概念的含义，并知道应如何去行为时，这样的知识并不能够提供给人如此行动的理由。道德知识需要解决信念和动机之间的关系问题。道德知识将引起道德主体在进行某一错误行为时的愧疚、悔恨等情感，从而在伴随这些情感时主体的自由选择才能被称为出于意愿的。这些道德情感如非认知主义者所描述的那样，与主体从事道德行为的动机有着因果联系，即使主体最终选择了忽视或违背这样的动机。

因此，道德知识包含了情感态度、社会规范系统以及行为动机等因素，对这类知识的教育必然地区别于一般性的科学知识。习惯是由法律、家庭、社会成员等多方面因素共同决定，并且习惯的获得要求主体通过实践的方式，而非思辨的方式。这些特征提示教育者，道德教育的方法区别于一般性知识的理解、练习和掌握的方式，而需要更加注重道德情感、道德规范的敏感性以及道德意志力的培养。对此，一个基本的理由就是，关于某一德性概念的理解并不保证某人能够实践这一德性。人们相信在社会规范和心理动机之间有着直接的联系，而这种联系通过主体的情感态度、道德陈述以及道德行为共同地表现出来。

二、人工智能在教育中的运用场景

近年来，人工智能技术在教学中的广泛应用催生出教育人工智能这一领域，它主要关注教学模式的丰富、学习效率的监测以及个性化教学场景等。通过模拟出更加逼真的教学环境以及对更多教学数据的记录和分析，人工智能在未来将更加广泛地实现移动学习、自适应学习、增强现实和虚拟现实、情感计算等教学模式或技术。然而在此过程中，人工智能技术的运用并非完全积极的，它能够实现教育方式的变革和教学效果的提升，但同时也会因机器和人的差异性而导致一些潜在的问题和风险。这主要体现在三个方面：教学形式的辅助、教学评估和教学反馈、个性化内容的设计。

（一）教学形式的辅助

人工智能的应用将使教学形式更加多样化，借助图像、语音、视频、搜索引擎、机器翻译等更丰富的教学工具，教师能够更准确、清晰地将教学内容传递给学生，同时学生也能够利用这些工具反复地学习，而不是采用传统模式下的单一过程。

此外，基于人机交互、VR[①] 虚拟情景等应用的发展，虚拟课堂可能会更加为学生所青睐。通过调动各类电子学习资源，既丰富了学生的学习内容和学习方式，激发了学生的学习兴趣，同时也提高了学生接受、记忆的程度，实现更加真实的情境化学习。这一教学模式无疑将给外语、文学、历史等学科的教学效果带来显著的提升，因为相较于其他学科，这些学科在更大程度上依赖于主体的经验过程、在某一具体场景中的情感体会等，而人工智能的应用能够更全面地刺激学生的多种感官知觉，而非只依赖于传统模式下的声音和文字。总体而言，人工智能技术将创造一个更加数字化的教学环境，或者说一个充分智能化的课堂。

然而，当教学辅助更多地替代了教师的文字描述、语言解释以及教师和学生的直接交流时，教师在教学环节中的参与度必然降低，同时，教师的创新性意识也将随之减弱。电子化的教学课件在节约教师时间的同时，也阻碍了教师在课堂中的自主性讲授，教学的主体由教师转移到了电子化的设备、机器等。这些问题可以通过限制以及规定教学辅助工具的使用程度来协调两者之间的张力，以达到一个适当的平衡。

---

① VR: Virtual Reality 的缩写，即虚拟现实技术，又称虚拟实境或灵境技术，是 20 世纪发展起来的一项全新的实用技术。

（二）教学评估和教学反馈

人工智能在目前教学中的一个广泛的应用是教学的评估和反馈，这是为学生提供个性化学习的关键步骤。一方面，人工智能能够通过图像识别技术对学生所提交的文字作业、语音作业等进行审阅、评分；另一方面，人工智能也能够对学生的答题表现、积极性、效率、认知负荷等总体学习水平和状况进行储存记忆，同时通过与数据库的比对和计算，给出面向学生以及教师的学习情况反馈。这些评估的数据和反馈将用于调整该学生的进一步学习内容以及作为其他学生学习状况评估的参考。这一模式将伴随人工智能领域中深度学习的不断发展而得到更加全面和有效的应用。

然而，教学评估背后所依赖的算法模型并不能实现真正意义上的个性化教学，相反，当所有的受众背后都面对同一个计算模型和算法时，实际的结果反而是合众化的。这一结果源于人类普遍采用的量化世界的方式，当教育者应用人工智能的算法模型将学生也量化为各个方面的数值时，这一方式固然能够使教育者更加清晰和准确地了解学生的学习能力和学习状况等，但同时也潜在地排除了学生能力发展的其他可能性。因此，与人工智能在教学形式中的辅助性作用相类似，应用这一技术对学生成绩以及教学效果进行评估和反馈也需要控制在一定的范围和程度之内，确立以教师和学生间联系为主导的教学模式，而非以数字化的虚拟人物代替教师或学生本身。

（三）个性化内容的设计

在未来的教学中，为大多数设计者所看好并致力于去实现的是一种自适应学习的模式，它能够为学生提供个性化的教学内容和学习方案。这一计划已经在全球范围内展开，包括我国所推出的极课系统、优答系统等。这些学习平台或学习系统所具有的共同特点在于，他们能够根据学习者已具备的知识和能力因人而异地提供学习材料，同时学习者也能够根据平台所提供的反馈安排自身的学习计划等。

例如，当教室中多名学生都在进行学习时，在传统的教学模式下，学生此时学习的内容必然是相同的，并不会因某个学生已掌握了某个知识便更快地进入下一个环节的学习中。但在自适应学习的模式下这是可以实现的，这一模式既能够让基础更加牢固的学生进行高阶学习，也能够让学习速度较慢的学生进行反复练习，以增强其对于某一部分内容的掌握程度。很明显，这一模式是具有吸引力的，因为它符合基本的教育理念，个体的针对性教学无疑是最有效的。只不过囿于传统教学模式的资源限制，这一理念无法得到真正实现，但在人工智能的帮助下，可以期盼这一情景在不久的将来成为普遍的现实。

自适应学习的模式作为人工智能在教育中的典型应用，是否会因忽略一些内容而产生适得其反的效果，需要更深入地了解自适应学习的原理，并研究这一风险的可能性。一般而言，自适应学习系统包含领域模型、学生模型、教育学模型、接口模块和自适应引擎等五个组成部分。其中，领域模型和学生模型的准确构建对于一个良好的自适应学习系统而言是最关键的内容，因为他们将决定系统能否提供一个较好的知识库以及模拟出一个最接近学习者的用户模型。

对于设计者来说，应用数字化技术去刻画一个动态的认知对象无疑是极为困难的，目前通用的模型设计中会将学生模型区分为学习风格和认知水平两个方面。其中学习风格又细化为活动序列、媒体类型、抽象程度、行为模式等诸多方面；而认知水平则可以细化为记忆能力、推理能力、信息加工速度、连接式学习能力以及元认知等。这些区分体现了对现有的关于人类认知方式的理解，即相信人类对于知识的处理以一种表征加计算的方式进行，同时这种关于思维的计算－表征理论与计算机程序所依赖的数据结构加算法的模式有着深层次的相似性，因而运用人工智能技术来模拟人类的学习过程并增进学习效果似乎成为最可行的方式。

三、道德教育的人工智能模式及其实现条件

目前，人工智能在教育中的应用包含了教学辅助、教学评估和个性化教学三方面，但它们都面临着如何处理机器和人之间差异的问题。由于道德知识是一类特殊的知识，它们与主体的情感、意愿以及社会规范系统相关联，区别于一般的知识教育，道德知识的教育更大程度上依赖于主体习惯的养成，要求在教育实践中培养主体从事某一道德行为的动机和意志力，因此道德教育的人工智能运用应有其特殊性。

当然，这一问题并没有暗示道德教育将拥有一种完全意义上的人工智能模式，因为那将假设了一种更强的人工智能的立场。相反，一种更有希望的计划则注重运用人工智能技术对现有的日常道德教育进行补充，进而取得更好的教育效果。但对于目前一般的教育人工智能而言，实现道德教育的困难来自道德知识中所包含的实践性要求，即需要应用人工智能技术模拟出大量的道德实践的场景，在其中培养学习者针对这类场景所可能具有的行为习惯、性格特征以及情感态度等。这一计划包含了我们关于未来人工智能发展的诸多方面的需求，如情绪监测、情感机器人以及道德规则的程序化等。因此，未来人工智能环境下的道德教育将基于与智能发展需求相适应的可能模式及其实现条件。

（一）道德情境的虚拟模式

对于道德教育而言，道德知识的呈现方式大都是情境化的，一个认知主体将在某一场景下理解什么是谦虚、宽容或者诚信，而非仅仅通过对于这些概念的意义解释。这就要求在应用人工智能技术传递道德规范时，避免将它们呈现为一系列的知识原则，进而通过这些原则间的推论关系把握这一类道德规范。相反，应通过语音、视频、虚拟现实等方式构造出足够多的道德情境，让学习者在此情境中通过自身的行为选择而形成一定的性格和习惯，进而我们才可以称该学习者具备了相关的德性。

道德情境的虚拟模式涉及两个学习内容上的设计要求：一是呈现给学习者的道德情

境的数量要足够多；二是这些场景所包含的可能性要足够复杂。数量上的要求是为了达到形成习惯的可能，而复杂性是为了使模拟的道德情境更接近于真实环境。在现实世界中，我们处理的大多数道德问题也都在一个复杂情境下，并且选择的结果也可能无法进行简单的对错判定。这一情况即要求道德情境的设计更接近我们的真实世界，而道德教育的结果将不止于提供一个行为对错的说明，更大程度上是提供一种对于社会规范系统的整体性认识，以及提供一个对于行为选择结构的未来模拟。一方面，在一定程度上保留个人对于社会规范的接受空间；另一方面，从整体上提升了学习者对于社会规范系统的接受程度。

此外，在学习内容中引入"电车难题"[①]这样的道德困境也将是有帮助的，即便此时的目的并非区分功利主义和义务论，但这能够引起学习者在进行不同行为选择时的情感差异，进而感受情感态度在对于社会道德规范的认同中所发挥的作用。一种关于上述模式的可能性质疑是，在虚拟场景下所形成的品质、性格等是否也是虚拟的？例如，学习者可能因在虚拟场景中无须承担真实的责任而表现出勇敢的德性，但在真实场景下则变得极为懦弱。对此，未来虚拟现实技术也许能够给予学习者更多的帮助，但这也就要求所模拟的场景，包括学习者所拥有的感受、知觉等，都足够的真实，进而学习者在其中无法区分虚拟和现实的差异。

（二）更强的人机交互模式

就目前而言，已有一些人形智能机器人被广泛地应用于幼儿的陪伴、教育中，他们所具有的功能即包括了道德教育的功能，这些机器人能够特别地帮助自闭症儿童以及身体残疾的学习者形成道德规范的概念。因此，在未来对于智能机器人的设计中，可以设计一种自身包含了道德行为动机以及包含了道德情感的智能机器人，他们既可以作为社会行为规范的教学引导者，也可以帮助纠正一些非道德行为。构建一种能够应用于人工智能主体之上的道德系统，这一系统可以实现比情绪、感觉更高的道德意识、道德精神等。然而，这一计划的困难也是明显的，一个仅仅在刺激－反应模式上展现出道德行为的智能机器人并不能被称为真正意义上的道德主体，因为后者所能够处理的道德问题比前者要复杂得多。对此，道德智能并不能还原为某种单一的智能模式，无论是艺术的、数学的，还是语言的，而是基于一种通用人工智能的发展。

（三）与自适应学习相结合的道德教育模式

作为教育人工智能的核心发展模式，自适应学习系统在未来的学校、家庭以及个人

---

① 电车难题：伦理学领域最为知名的思想实验之一。电车难题的内容大致是：一个疯子把五个无辜的人绑在电车轨道上。一辆失控的电车朝他们驶来，并且片刻后就要碾压到他们。幸运的是，你可以拉一个拉杆，让电车开到另一条轨道上。然而问题在于，那个疯子在另一个电车轨道上也绑了一个人。考虑以上状况，你是否应拉拉杆？

教育中将发挥更广泛的作用，而且它所具有的针对性教学的优势也能够在道德教育中很好地表现出来。目前，自适应学习系统在道德教育中的作用可能并不理想，因为道德知识的特征决定了其知识领域的模型、学习者模型和教学模型都区别于一般性知识的教学模式。对此，可以对与自适应学习相结合的道德教育模式做出以下创新：

首先，在学习课程数据库中增添更多的场景性教学，即将社会规范系统分解制作为无数个学习场景，让学习者在其中进行自身行为的选择，进而判定某一学习者是否具备相应的道德品质。

其次，在建立学习者模型时，可以通过情绪监测等方式判定某一学习者在进行某一项行为时所发生的情绪变化，并且在数据库中增添情感强度、性格、品行、习惯等数据，从而更全面地描绘出一个学习者已具有的道德特征。

最后，对自适应学习引擎中内容呈现序列、测评模式等做出调整，在各种道德规范的学习间建立适当联系，以帮助学习者更全面地了解社会规范系统以及对他们做出合理的评价。

第二节　道德教育话语权的创新路径

"道德教育是一种应用话语体现理论说服力的活动，具有使用话语进行交往、说事，达到教育目的，提升教育效果的特性。因此，道德教育同样拥有自己的话语，而道德教育的话语权主要是指道德教育者的话语权力，是道德教育工作者在教育中对受教育者的影响力。"[①] 它不仅体现为人们对道德现象、道德问题说话的权利和资格，同时更反映了人们在道德现象、道德问题上说话的渠道、途径和效果。

及时做好道德教育话语的创新工作，使道德教育深入初中生的心灵并转化为初中生的道德自觉，切实提高初中生道德教育的实效性，是初中生道德教育研究和实践中一个更加迫在眉睫的重要问题。

道德话语的主题、主体与载体构成一定社会特定时期道德话语权的三大要素。其中，道德话语的主题主要解决"说什么"的问题，道德话语载体主要解决"怎么说""以什么方式说"的问题，而道德话语主体主要解决"谁在说、对谁说"问题，三者相辅相成，共同决定道德话语权能否最终实现。

道德教育话语权创新的主要包括以下途径：

[①] 陈飞：《道德教育话语权探析》，《现代大学教育》2009年第01期，第82页。

一、重视道德教育话语生活化

转型期道德话语主题的有效性挑战在于原来的主题的社会语境发生了改变，社会语境是政治经济文化的历史进程，教师要做的是实现道德话语主题的与时俱进，寻求更具包容性、更具社会价值共识的道德话语内容，即社会主义核心价值体系。

道德教育不能疏离生活世界，要把道德教育话语移植到生活世界的交往活动中，建立与生活世界的广泛联系，拓展道德教育影响与个人之间的对话语境，摒弃不可捉摸和虚无缥缈，道德教育要全面反映社会生活，密切关注社会的热点和焦点，直面活生生的社会现实问题。同时，道德教育话语要密切关注个体生活，将道德教育的宏大叙事与个体具体日常生活实际相结合。道德教育应多用接近生活的话语，用初中生的交流语言，如关涉初中生当下的虚拟化生存的网络。

二、加强环境道德教育话语

初中教育阶段正是一个人价值观形成的关键时期，如何引导初中生树立正确的环境道德观是时代的需要。道德不仅仅指人与人之间的关系，还有不可忽视的人与自然的和谐关系，这个直接关系到人类的生存与发展。环境道德观，就是要培养学生树立正确的环境意识和理念、习惯或行为方式、思想意识、价值观，这是环境教育的重要目标。

环境道德教育强调教育中的环境道德观的养成教育。它涉及将基本的社会道德价值观应用于环境保护领域，对环境中的破坏行为进行细致入微的分析，结合道德判断标准予以分类澄清，给学生的日常行为以明确的指导，让学生能将普通行为的深层次意义挖掘出来。另外，它特别注意帮助学生去反思和检讨他们对环境问题的信念、态度以及价值观，是否与自己的行为一致。

环境道德教育尤其需要形成一些独特的、适应本学科规律的如问题解决法、试验法、野外观察法等重实践、重问题的教学方式，用绿色的生态实践话语鼓励学生走进自然，与大自然交朋友，使学生树立有责任的开发资源的道德观，推广和宣传可持续发展战略。"绿色""环保""低碳"不仅仅是技术能源用语，更是一种日常道德话语。

三、注重运用尊重学生主体性的道德教育话语

初中生正处在身心快速成长成熟的时期，自主意识特别强。针对这种变化，教师要确立"以人为本"的道德教育理念，突出初中生的主体地位，尊重每一个学生的主体意识，充分调动每一个学生的积极性，让学生参与到学习中来，由"要我学"转到"我要学"。

在道德教育中，首先，要尊重初中生的道德需要。通过实际调查深入到学生的生活中去，倾听他们的需要，了解他们的需要，掌握需要的规律，并深刻理解道德需要和道德判断能力、道德选择能力、道德心理承受能力、道德内化之间的内在一致性和相关性。

其次，要提升初中生的道德需要。把握"服从—内化—超越"之间的道德需要层次性和递进性，按照揭示需要、满足需要、转化需要、提升需要的逻辑，激发受教育者的道德需要，使个体成为自主自为的道德主体。

在教育过程中主要运用主体性德育模式最典型教育方法——对话，改变原来的灌输模式，注重用理解的语言，在对话的交互关系中，走进学生的内心世界，得到受教育者在文化、生活、情感等方面的接纳与认同，培养他们的主体性道德人格。通过学生自己的亲身经历去感悟、体验德育内涵，使学生获得心理体验，获得自我教育和发展，使学生的道德价值观取向等得到更好的建构和提升。

四、注重道德审美教育

道德就是善与美和谐统一的表现，具有审美的价值，完善的道德人格其实就是审美人格，而道德审美，就是以美启善、引发主体灵魂震撼，并不断自主地改造自我品德与心理品质的审美性道德建构活动。

道德审美理念强调主体的道德内省与审美性建构，旨在启发和促进初中生主体审美人格的健康发展。

一方面，在道德教育中强调道德内容的审美化。道德教育的内容，既有从人类文化知识体系中直接迁入的社会美、自然美和科学美的内容，也包含着经过教师和学生自由创造而获得某种审美特征的内容，让学生在道德学习与审美体验中发现美、欣赏美、感悟美，进而追求美的理想，生成美的人格，创造美的人生。

另一方面，在道德教育中注重形式的审美化，从道德教育的结构、方式、方法和手段等外在表现形式上给人以审美的感受与道德情感的熏陶，体现形真、情切、意远、理蕴的审美特点。如提供审美性的教学情境，在教学情境中迁入丰富的审美因素，寓教于乐，捕捉新素材，引入新理念，以满足学生求新、求知、求美的欲望，激起他们对教育内容的肯定性的情感体验，不是用概念解释概念，而是用意境来表征什么是善与美，用典型的事例与典型的人物使人获得感悟与体认。

五、充分利用网络传播技术和网络资源

充分利用网络传播技术和网络资源，多运用网络语言对初中生进行道德教育和进行一些道德问题的探讨。针对网络对初中生的日常学习和接收信息、观念有直接的、不容忽视的影响，教师要构建信息畅通、内容丰富、教育手段现代化的和谐道德教育模式，用网络文化来育德。

网络文化具有新颖性、生动性、趣味性等特点，内容生动直观，容易吸引学生注意力，提高其学习的兴趣，调动其参与的积极性和创造性；可以传播文字、声音、图像，为初中生人际交往提供多媒体化、互动性的立体途径，为学校德育提供更好的条件和更广阔

的空间，拓宽教育内容，丰富教育形式，达到资源共享。此外，开设服务于道德课程的"学习讨论"栏与"知识信息"栏，使道德学习既依托教材，又超越教材。可见，网上育德，天地更宽，会起到"润物细无声"般的作用。

同时，网络文化也是非常复杂的，一方面，学生接收信息的主动性、积极性和选择性大大增强了；另一方面，网络文化对社会主流意识形态、民族文化和社会道德的挑战与冲击已不可等闲视之。网络道德教育也是个很艰巨的任务，这个教育离开网络是无法进行的，只有让主流文化参与到网络文化互动中去，在网络文化中保持强势文化的推进功能，增强德育的魅力，让德育占领虚拟空间，改善网络传播的道德环境，丰富网络文化。

第三节　新媒体视域下道德教育的创新路径

从初中生应用新媒体实际来看，虽然初中生的生活与学习因广泛应用新媒体而获得了更大的便利，但是也受到了新媒体中不良信息的影响。在这种情况下，如何创新初中生道德教育，探索创新路径以提升实效，是学校教育工作者共同关心的问题。

新媒体给道德教育带来的重要价值包括以下两方面：

第一，新媒体是道德教育的全新载体。新媒体的发展既为教师开展道德教育工作带来新机遇、新启发，也对传统道德教育产生了强烈的冲击。

在新媒体视域下，教师可以借助微信、微博等载体与学生进行互动，对传统的课堂教育模式进行延伸，强化道德教育效果。显然，原本静态的道德教育呈现出了动态特点，道德宣讲也由枯燥变得生动有趣。

在新媒体视域下，初中生道德教育视野更加拓展，教师可以运用课堂讲授、媒体教育等多种方式对学生进行道德教育、价值引导，帮助学生树立正确的人生观念和价值观念。

第二，新媒体应用提升了初中生的综合素养。新媒体在互动方面的优势使得初中生的社交范围得到了拓宽，初中生可以通过新媒体与世界各地的人进行交流，不受时间、地点的限制，学生由此认识更多的朋友，为学生的自由发展创造了条件。在传统的面对面交流中，很多初中生因为性格内向、羞涩，无法正常参与到社交活动中，而新媒体则不同，初中生可以通过新媒体平台与他人进行自如沟通。新媒体还具有很强的即时性与开放性，可以让初中生针对新闻事件发表观点。新媒体增强了初中生与社会接触的自信心。而这种自信是提升其道德品质及综合素养的关键。

新媒体视域下道德教育的创新路径包括以下内容：

一、教育理念创新

在初中生道德教育中，理念发挥着指导性作用。所以，新媒体视域下，教育工作者应当创新传统的初中生道德教育理念，改变传统的道德教育观念。

第一，在未来的教育改革中，新媒体与教育的融合必将越来越深，教育工作者必须对新媒体予以高度关注，积极通过微信、微博等新媒体平台实施道德教育活动。

第二，初中生道德教育理念的创新并非教育工作者对于新媒体平台的简单应用，而是应当将道德教育理念与新媒体思维进行充分融合，并以此为基础对初中生道德教育的形式及内容进行全方位的创新。

二、教育模式创新

初中生的思想观念、生活方式及情感交流形式也受到了新媒体的直接影响。但是，新媒体宣扬的一些道德理念与学校倡导的价值观并不相符。在这种情况下，受到新媒体耳濡目染的影响，一些初中生的道德观念偏离了正确的轨道。但是，如果对新媒体进行合理应用，将传统的初中生道德教育与新媒体进行融合，不仅可以丰富初中生道德教育内容，还可以拓展初中生道德教育的实施空间，提升初中生道德教育的有效性。

三、教育内容创新

教育内容对于初中生道德教育活动的实施具有十分重要的影响。只有对初中生道德教育内容进行创新，才能为初中生道德教育质量的提升打好基础。

第一，提升教育工作者创新道德教育内容的意识。只有这样，教育工作者才能积极主动挖掘多元化的道德教育内容。

第二，初中生道德教育内容中应当融入社会、国家以及时代对道德教育成效的期望，引导初中生在顺应时代发展的基础上形成正确的道德观念，实现全面发展。

第三，对初中生道德教育方式进行创新，以耳濡目染、潜移默化的方式提升道德教育质量，为其他专业学科的学习打好基础。

四、教育途径创新

第一，学校要意识到创新道德教育途径的重要性，提升教育工作者实施现代化道德教育的意识，结合社会、国家及时代对初中生道德素养的要求来开展道德教育活动，促进初中生的个性化发展。

第二，加强数字电视、网络、智能手机等各种教育途径的应用，激发学生参与道德教育活动的积极性与主动性。

第三，探索通过手机 App 实施道德教育的方式，促进初中生道德教育的现代化发展。

五、提升教师素养

在初中生道德教育过程中，教师综合素养及执教能力直接决定道德教育活动的成效。只有提升教师综合素养和执教能力，才能更好适应新媒体环境，并在新媒体环境下进行道德教育创新。对此，学校要面向教师开设新媒体技术培训班，召开新媒体道德教育创新座谈会，提升教师的新媒体意识，增强其应用新媒体平台实施道德教育活动的能力。

六、净化教育环境

净化初中生道德教育环境，对于提升初中生德育教育质量有着积极的促进作用。

第一，学校要尽量避免初中生与负面新闻、消极信息接触，降低这些新闻信息对初中生道德教育成效的不利影响。

第二，在社会主义核心价值观的指导下进行初中生道德教育评价体系的构建，不断挖掘新媒体中对道德教育有积极作用的内容，实现初中生道德教育的创新发展。

第五章　法治意识及其培育条件

第一节　法治意识素养概述

　　法治意识素养的内涵主要有两种说法：①具有了解和运用法律的能力；②经过和环境的相互作用，通过社会实践学习了法律知识，获得相关的情感体验，有了一定的思想意识，达到了一定程度的信仰，并运用相关知识解决相关实际问题，最终通过实际生活运用法律表现出来。结合这两种说法以及通过学者们对法治、法治意识、素养的论述可知，法治意识素养是指个体对的法律知识的学习，对某些法律教育的接受程度以及对法律知识的持续使用以指导实践，而形成一定的法律意识，坚定法治信仰，依法规范行为习惯、参与法治实践，形成对社会主义法治的价值认同和体制认同，成为中国特色社会主义法治体系的忠实追随者，坚定维护者和自觉实践者。

一、法治意识素养的基本构成

　　法治意识是一种内在的思想和认知，是对法治现象的看法和观点，是对法治现象的自我辨别能力和思考。法治意识素养是对法治现象的认知、思考、评价和分辨能力。法治意识素养主要包括以下方面：

（一）法治认知素养

　　认知就是对某件事物的认识、感知和理解。法治认知就是对法治现象的认识和理解。初中生的法治认知就是考察初中生对法治现象的认知、对法治本质的理解和认知、对法治功能的认知、对法治与生活的认知、对法治与情感之间的认知等等。而初中生的法治认知素养就是初中生在道德与法治课上面学到的理论知识能够通过相应的心理活动对法治现象形成相应的概念、知觉、记忆、判断或简单的想象，感知和理解是怎么回事，知道我国的法治现状，什么是法治，哪些现象和行为是法治允许的，哪些是法治不允许、自身不可为的，在现实生活中能够懂法和守法，并达到课程标准对法治要求的认知水平的基本素养。法治认知素养是形成法治意识素养的基础，在法治意识素养的培养中具有奠基作用。

（二）法治思维素养

思维是对认识的进一步升华，是对事物的本质的探索和思考，是有关分析和综合、比较和分类、抽象和概括的复杂的反应过程。法治思维是在法治认知的基础上形成的，但是又超越法治认知达到对法治新的认知水平。法治思维是探索法治的本质联系和规律性联系，是法治认识的高级阶段，是对各种法治现象的分析和综合、比较和分类、抽象和概括。法治思维更是按照法的概念、原则、逻辑和立法精神，对各种法治现象进行审视、分析、推理、比较、抽象、概括等形成判断和做出决定的，解决法治问题的习惯和思想取向。比如对权利和义务相统一的认识等的知识方面。现在社会主要是依据宪法和法律治国，按照规则和程序治国，所以要求初中生应具有依宪治国、依法治国的思维、程序正义思维、规范思维、公民权利思维、平等和民主思维等等，要求我们在感知和学习了各种法治知识的基础上运用抽象概括，形成自己的法治思维习惯和修养，这对法治意识素养的培养有重要意义。

（三）法治信仰素养

有了基本的法治认知，形成了自己的法治思维，能够对生活中的各种法治现象进行自己的感知、记忆、思维和概括，形成自己的法治思维习惯，那就对法治有了一定的认识。经过对现实生活中的各种法治现象进行分析、思考、判断和评价，会形成自己判断法治现象的标准，会有依法维权的意识，知道怎样维护自己的合法权利；会有边界意识，会有尊重法律的意识，知道法律的底线，并且不去触碰底线；会有守法的意识，会有约束感，并且履行法律要求的义务。在这样长此以往的依法治国的大环境中，通过理性经验和评判，对法治形成认可、信任和捍卫的意愿，最终形成自己的法治信仰。比如，对宪法的信仰、对法律的信仰、对法治能促进社会公平正义的信仰、对法治能保障个人权利和自由的信仰等。所以，法治信仰素养的培养对法治意识素养的培养有重要指导作用。

二、法治意识素养的培养特征

（一）时代性特征

追求法治的价值目标的过程是一个动态的过程，是与当时的社会背景和环境与时俱进的过程，对新时代的公民有新的法治意识素养的培养目标和新内容。比如，在确立依法治国方略的刚开始阶段，建立比较完备的法律体系是首要目标，在中国特色社会主义法律体系已经建成之后，怎样有效地实施这些法律体系就是重要内容，如今怎样全面贯彻依法治国，把依法治国落到实处是重要目标。

目前，依法治国仍然是新时代中国特色社会主义的基本方略之一，需要我们把依法治国和以德治国结合起来，这就要提升新时代中国公民的法治意识和法治素养，需要我们把学法放在前面，把尊法放到首位，尊法守法是全体人民的共同追求和自觉行动，需要全民族人民的法治信仰、法治宣传和法治活动以及道德培养和规则意识的树立才能解决，让法治意识根植于中华民族人民的灵魂深处。初中生作为新时代的接班人，更应该增强自身的法治意识和法治素养，树立法治意识、大局意识和核心意识，做社会主义新时代的接班人。

（二）明确性特征

公民法治意识素养的培养关系到每个公民能否学法、懂法、守法、用法。对公民法治意识素养进行培养是依法治国的重要内容，是建设中国特色社会主义法治国家的重要保障。所以，对学生进行法治意识素养的培养主要就是让每个学生在学校学法，迈向社会之后守法和用法，做一个法治公民，为建设中国特色社会主义法治国家贡献自己的一份力量，做一个遵纪守法的好公民，并且提高自身的法治意识素养，促进自身的全面协调发展，提升自身运用法律的能力。

（三）全面性特征

新时代中国特色社会主义法治意识素养的培养内容具有全面性，不仅包括法治意识的认知、法治意识的思维，还包括法治信仰的形成，内容较全面。我们要培养的是对法治具有较强的感知和理解能力的学生和新时代的建设者；我们要培养的还是对生活中的各种法治现象有自己的客观判断和逻辑思维能力、能够明辨是非、能明确哪种行为是法治社会提倡的，符合依法治国要求的新时代的建设者；我们要培养的是有守法意识、契约意识、理性意识、人本意识、规则程序意识，有自己的法治信仰的新时代的接班人和建设者。

（四）多样性特征

新时代对中学生法治素养的培养方法具有多样性的特点。法治意识素养的培养不是简单知道和了解就行了，而是经过长期的学习和实践经验日积月累起来的。中学生作为祖国的未来，建设中国特色社会主义法治国家的重任自然是离不开他们每一个人的努力的，但是中学生具有自身的特点，对其法治意识素养的培养需要因材施教，运用多种教学方法对其进行法治意识素养的培养。比如可以运用理论和实际相结合的教学方法、因材施教的教学方法、情境创设法、问题探究法等。

第二节　法治意识培育的目标与必要性

全面依法治国大背景下，提高公民法治意识是推进社会主义法治国家建设的重要内容。因此，初中生法治意识培育必须提上日程，加紧安排。

一、法治意识培育的目标

初中生法治意识培育总体目标中要求青少年具备个人身心发展及参与社会生活必备的法治知识，自觉遵守法律法规。青少年应增强法治观念，规范自身行为，依法维权，善用法律，学会用法。同时，青少年要树立法治信仰，积极投入法治实践，成为社会主义法治的崇尚者、遵守者、捍卫者。在阶段目标中，初中阶段的学生要强化公民意识、守法意识等，初步建立法治理念，初步具备用法律知识明辨是非，初步掌握依法维权，参与法治生活的本领。

在情感态度价值观目标上，青少年应具备法治观念、规则意识，培养公共精神，提升公民意识。在能力目标上，青少年要善用法律武器对自己、他人、国家及社会的合法权益加以维护。在知识目标上，青少年要懂得基本法律知识，明白法律的特征、作用等。

由上可见，初中生法治意识培育目标可归结为：使青少年自觉学法、尊法、守法、用法、护法，成为社会主义法治的遵守者、崇尚者、捍卫者。

二、法治意识培育的必要性

法治是人们共同的生活愿景，也是国家长治久安的必由之路。社会因法治而进步。生活在法治社会的公民必须树立法治意识。因此，培育初中生法治意识有其必要性。

（一）全面推进依法治国，建设法治社会的现实要求

长期以来，人类坚持不懈地探寻着适合社会发展的道路。中国在经历2000多年的专制统治后，逐渐实现由"人治"向"法治"的过渡。法治是现代政治文明核心，走法治道路是筑就伟大中国梦的坚定抉择。建设法治中国是全体华夏儿女共同的事业，人民是法治践行者，也是受益者。而公民法治意识为法治国家建设提供思想基础及精神动力，学生是国家希望和民族未来，是建设法治中国的生力军。学生法治素质高低关切着法治中国的命运与前途。学生不断增强法治意识，主动参与和推动法治中国建设，是全面推进依法治国的现实要求。

（二）培育和践行社会主义核心价值观的内在要求

在经济全球化、文化多样化的时代，各种各样的社会思潮充斥着青少年的世界。树立什么样的价值观是国家在青少年培育过程中尤为重视的内容。青年学生对未知世界满怀好奇，探索的欲望让他们更热衷于接受新事物。但身心发展不平衡的他们在对文化价值选择时充满困惑，可能会走向不良道路。

社会主义核心价值观已成为现今中国人民判别是非的重要价值标准。而法治是社会主义核心价值观中的重要价值之一。对初中生进行法治意识培育无疑给迷茫中的青少年拨云见日，同时又让法治价值深入青少年内心。通过青少年的宣传教育，法治意识弥漫到整个社会，社会主义核心价值观在人们言行中不断扎根。

（三）促进学生成长成才的迫切要求

第一，犯罪低龄化的严峻形势迫切要求培育初中生的法治意识。初中生生理心理发育尚不成熟，无法完全做到自我保护，明辨是非能力及抵御诱惑能力亟待提升，很容易遭受不良因素的冲击，甚至与违法犯罪牵连挂钩，很明显不利于初中生健康成长。因此，强化对青少年的正确引导，使青少年法治意识日益增强，是对青少年的成长负责。

第二，在全面推进依法治国进程下，法治融入人们生活的点点滴滴。懂得法律、遵守法律、学会运用法律是对每个社会公民的要求。因而，生活在法治社会的青少年必须具备法治意识，养成法治思维方式和行为方式，促进自我的全面发展。法治是青少年踏入社会的必备武器，树立法治意识是青少年投入法治建设的重要基础。

第三节　法治意识培育的内容与原则

一、法治意识培育的内容

"初中道德与法治课程是对学生进行法治意识培养的科目，包括丰富的法治教育资源，同时也可以为学生提供丰富的课程实践机会，促使学生把法治意识落实到实际行动中，督促初中生自觉约束自身行为。"[1] 初中阶段的培育内容包括：继续深化宪法教育，知道我国民事法律活动基本原则，强化法律责任意识，建立尊重司法意识等。同时，初中道德与法治课程标准在"心中有法""权利与义务""法律与秩序"板块

---

[1] 高红梅：《培育初中生法治意识的策略研究——以初中道德与法治课为例》，《新智慧》2021年第12期，第43页。

内容中也具体强调了初中生法治意识培育内容。综合以上对培育内容的指导要求，初中生法治意识培育内容主要归纳为以下五个方面：

（一）权利与义务意识

法治意识以权利与义务意识为核心。法治意识内核就是不断权衡权利与义务的关系，明确权利与义务的限度，指明谁享有权利，谁履行义务。公民是社会的主体。权利与义务意识是公民立身处世中极为重要的内容。公民权利的实现激发主人翁意识，追求有尊严、有价值的生活，拥抱幸福人生。公民义务的履行有助于社会进步及国家发展，也保障自身的合法权利。权利与义务是一致的。在人类发展历程中，公民的民主意识不断增强，对权利与义务的认识也愈加深刻。现代民主政治离不开法治，法治中权利与义务的规定彰显着公民主体地位。为此，八年级《道德与法治》下册第二单元"理解权利与义务"专门安排了对应内容，使对社会处于懵懂阶段的青少年深入认识自身社会定位，具备权利与义务意识，进而更好融入社会。

（二）平等与公正意识

平等与公正是法治的重要价值。平等意识在法治中侧重于强调法律面前人人平等。法律面前人人平等使公民有尊严地生活，它规定公民平等享有权利，平等履行义务，平等受法律保护反对特权思想和特权现象。站在平等基点上，公民更能真实地感受到民主。

公正意识是尊崇公平正义意识。建立公正社会是人类的永恒追求。公正是个人生存发展的重要保障，也是社会和谐进步的重要基础。公正社会需要法治保驾护航。科学立法、严格执法、公正司法、全民守法，促进社会公平正义。而当公民把公正作为法治价值追求时，法治的实现及完善才更有可能。八年级法治专册第四单元"崇尚法治精神"着重向青少年讲述了法治背后的意蕴，其中平等与公正意识渗透整本书。

（三）程序与规则意识

程序意识，简单来说即按照法定程序办事的意识。当公民权益遭受侵害时，应该遵守正当程序，按合理、合法的步骤、方式进行。规则意识是公民以规则作为自己行动准绳。道德、法律、纪律是主要的社会规则。社会规则标定自由边界，也是人们拥有自由的保障，规则与自由密不可分。

《道德与法治》课本中，七年级《学会依法办事》，八年级《善用法律》《依法行使权利》《依法履行义务》等都涉及程序意识内容。在规则意识方面，八年级上册第二单元"遵守社会规则"告诉青少年规则的重要性及相关要求，尤其是第三课法治的相关规则，以法律的强制性告知青少年要做守法的公民。在八年级下册，"自由"价值再一次强调法治与自由的紧密关系。青少年明确什么可以做，什么不可以做，养成遵守规则的习惯，才能更好适应社会生活，促进法治社会建设。

（四）诚信与契约意识

诚信意识是公民在待人处事中做到诚实、守信用。对人们来说，不管是安身立命还是与社会接轨，诚信都是必不可少的"通行证"。现代社会重视信用体系，个人诚信体系及社会信用体系日益完善。守信方能长久，失信受害无穷。诚信作为社会主义核心价值观个人层面的价值准则，是每位社会成员必守的社会规范。因此，无论是道德层面还是法律层面，诚信意识都是初中生成长过程中的必备意识。

契约意识是双方在自愿、平等前提下互签协议，规定双方权利、义务等的意识。现代社会，人们彼此之间会达成各种各样的契约。契约对人的行为等会起到相应的约束作用。良好的契约互利互惠，增强人们的责任与担当意识。

契约意识与诚信意识密不可分。在"道德与法治"课程中，民事权利、诚实守信等内容无不引导着青少年要增强诚信与契约意识，积极参与社会生活，维护自身权益，同时尊重对方权益。

（五）法律权威意识

法律权威意识则是法律在整个社会体系中拥有至高无上的主导地位，一切个人和组织必须以法律为准绳。法律是人们判断是非曲直的重要标准。当人们树立法律权威意识，法治社会的构建才更顺畅。当法律真正维护人们的合法权益，人们才更加信奉、信赖、尊崇、认可法律，法律权威意识也会被更多人树立。在八年级法治专册中，宪法是我国根本法、宪法是公民权利保障书、治国安邦总章程等内容的呈现让初中生潜移默化感知我国全面依法治国的重要内容与价值，感知法律的权威。

二、法治意识培育的原则

原则指导着实践。把握初中生法治意识培育的原则，培育会更加有效用。结合初中生身心发展特点与培育要求，初中生法治意识培育应坚持以下原则：

（一）生活化原则

与"道德与法治"教材相匹配的课程标准，在其基本理念里提到，初中生逐步扩展的生活为"道德与法治"课程的基础。生活即教育。我们所处的时代瞬息万变，学生接触到的生活信息呈几何倍数增长，脱离生活实际的教育是大打折扣的。初中生法治意识培育必须贴近生活、贴近实际、贴近学生。生活与法治息息相关。法治伴随每个人的一生。学生出生后便逐步拥有各种各样的权利，也需要履行相应的义务。现阶段的初中生对社会现象充满好奇，也敢于挑战权威。法治意识培育若是通过"灌输"的方式将理论输出，"空中楼阁"也只能是被瞻仰。接地气的生活化培育，用实际说服学生，不仅让学生深入了解法治，也逐步树立法治意识。

（二）启发性原则

"道德与法治"课中初中生法治意识培育应使学生在教师的启发引导下，充分发挥学习积极性，主动汲取法治知识，认可、崇尚法治，并逐步树立法治意识。学生对法治的熟知，不是教师口传心授的，而是在自我建构的过程中内化而成。这样不仅使学生主体和教师主导相统一，还利于形成"教是为了不教"状态，实现自我教育。从而，学生在全面推进依法治国背景下更积极地了解法治，自觉尊法用法守法。

（三）实践性原则

实践是认识的来源，也是认识发展的动力。缺乏理论指引的实践比较盲目，缺乏实践检验的理论比较空洞、抽象。初中生法治意识的培育过程就是在实践的过程中检验前人成果，同时又在实践中感知、理解并上升为理性认知的过程。教师应引导学生自觉主动参与丰富多样的实践活动，注重知行统一，采取实践式、参与式等教学方式提高法治意识培育实效。社会生活中，政府积极创建青少年法治教育基地等，学校主动营造法治氛围，开展各种法治实践活动等，这些举措无不为法治实践提供有利条件。初中生法治知识的内化及法治意识的培育，在有效法治环境下，通过学生亲身体验进行检验、证明，定能事半功倍。

第四节　法治意识培育的主要方法

一、案例教学法

（一）法治意识培育中案例教学法的价值体现

1. 促进学生树立法治意识

培育学生的法治意识不仅仅是向学生传授相关的法治知识，更重要的是帮助学生树立法治思维、形成法治习惯和培养法治情感。案例教学法恰好能够满足培育学生法治意识的要求。贴近学生生活实际的案例能够使教学内容变得更加生动有趣，改变以往的枯燥乏味，能够使复杂抽象的知识简单化，缓解学生的畏难抗拒情绪；在学生相互探讨案例的过程使得课堂气氛更加融洽，改变以往压抑的课堂气氛，能够极大地激发学生的学习兴趣；随着素质教育改革的一步步推进，学生切身感受到课本中的法律知识与自己的现实生活息息相关，改变了以往课本知识和生活经验的脱节，能够提高学生运用所学知识解决实际问题的能力。这样一来，学生在课堂上由被动学习变为了主动学习，也实现了知识由外化到内化，再内化到外化的升华。精神思维指引实践活动，只有树立良好的法治意识，才能做出合理合法的事情。也就是说初中生要树立良好的法治意识，才能更好地做到知法、学法、守法和用法，当知情意行实现了高度统一，也就促进了学生法治意识的培育。

2. 提高法治意识培育效率

案例教学法通过呈现法治案例，将课本上抽象的理论知识与生活中真实的事件密切联系起来，生动、形象的案例提高了学生学习的积极性，使学生能够主动地对所呈现的案例进行思考、分析和讨论。在这个过程中，学生能够意识到自己是学习的主体，明白知识是通过主动探索获得的而不是被动接受获得的。整堂课结束后，学生不仅获得了知识，还提高了各方面的能力，增强了自己的法治意识。生活化的法治案例应用在初中课程中，为培育学生法治意识提供了愉悦的学习氛围、开放的学习思路和知识外化的途径，很大程度上提高了法治意识的培育效率。

3. 落实教学课程改革

新课程改革理念不仅要求学生要具备更广泛、更丰富的理论知识，还要求学生不断提高各个方面的实际能力，实现思想性、社会性、整体性更高的发展以适应时代发展的需要。新课标中明确强调要促进学生的核心素养的形成，即帮助学生形成正确的政治认同、辩证的科学精神、良好的法治意识和积极的公共参与能力。可见，初中道德与法治课程的教学活动是培养学生浓厚法治意识的主要渠道。案例教学法通过呈现贴近学生生活的法律案例，帮助学生真切地体会到知识和生活之间密切联系激发学生的学习热情，帮助学生在思考、分析和讨论中实现知识的掌握和法治意识的增强，因此在初中道德与法治课程应用案例教学法不仅有利于提高法治意识的培育效率，也有利于落实立德树人的根本任务，还有利于落实课程改革的理念。

（二）法治意识培育中案例教学法的应用策略

1. 提高教师案例教学能力，促进法治意识培育

（1）更新教育教学理念

第一，教书和育人相统一。教师的职责不仅仅是传授理论知识，更为重要的是育人，培养学生成为德智体美全面发展的时代新人。在应用案例教学法培育学生法治意识的过程中，知识传授主要是通过呈现具有教育意义的法治案例，让学生借助案例学习教材中的法治知识以及延伸出来的相关的法律条文；教育育人主要是通过法治案例蕴含的内在价值影响学生的思想、行为和价值观等，引导学生树立法治思维、培养法治习惯和激发法治情感。

在传授相关的法治知识时，应该借助法治案例启发学生的思维，引导学生借助原有

的知识来主动获取新的法治知识，这样学生才会真正地将获取的知识内化于心，高效地完成知识目标。培育学生具备良好的法治意识是学生学习相关法治知识的最终目标。在案例教学中要重视育人的地位，不能盲目地传授法治知识而忽视了对学生的培育，教师不是为了简单地传授知识而传授法治知识，而是为了引导学生在掌握法治知识的基础上，培育学生形成法治意识。学生也不是单纯地为了获取法治知识而学习，他们是为了学习知识而具备良好的法治意识。传授知识是教育育人的手段，教育育人是传授知识的目的，传授知识和教育育人是相辅相成、不可分割的统一体。学生法治意识的培育是一个逐渐形成的过程，教师应该根据案例教学特点和学生成长特点，将传授法治知识与培育法治意识有机地结合起来形成完整的教育过程。

第二，教师的教和学生的学相统一。一个完整的教学过程是教师的教和学生的学统一的过程，一个良好的教学活动是以教师为主导和以学生为主体统一的过程。案例教学既需要学生的主动学习，也需要教师的恰当引导，学生的主动是基础，教师的引导是保障，只有将教师主导和学生主体的作用统一发挥出来，才能取得良好的法治意识培育效果。另外，教师与学生要相互学习，共同提高法治意识的培育效率。在案例教学中教师要有效地引导案例的研究、讨论和解决案例问题，由教学活动的掌控者、法治知识的灌输者转变为帮助学生主动学习、合作学习的引导者，并在这个过程中善于学习学生身上的闪光点。学生也要准确定位自己在案例学习中的地位，从被动的法治知识接受者转变为主动的法治知识的学习者，积极、理性、有序参与案例探究活动，勇敢、恰当和辩证地表达自己的看法和观点，在案例情境中主动挖掘法治精神，尊重其他同学和教师的不同观点，在和谐的气氛中逐渐养成法治意识素养。总之，在案例教学中只有形成良好的师生关系，实现教师和学生的有机统一，才能更有效地培育法治意识。

（2）提高案例教学能力

第一，注重案例的收集。法治案例的收集是教师进行案例教学的最基本的准备工作。教师要对接触过的法治案例有意识地积累，养成收集法治案例的良好习惯，并对收集的法治案例按照一定的规律整理归纳，这样会减轻教师的案例教学的准备工作。

第二，注重案例的选择。选择恰当的法治案例是影响教学成败的重要因素，怎样选择法治案例，选择什么样的法治案例，都需要认真考虑和研究。在选择法治案例时不仅要考虑教学方面的需要，如教学内容、教学目标、教育意义等，还要考虑学生的需要，如学习兴趣、探究动力等，只有全面考虑，才能选择出最适合的法治案例。

2. 完善法治意识培育的教学环节，健全评价体系

（1）完善培育学生法治意识的案例教学环节

第一，呈现案例，以案析法。对法治案例的分析和讨论对培育法治意识是十分重要的，通过呈现学生感兴趣的法治案例来激发学生以不同的形式对案例进行分析和讨论是提高法治意识培育效果的重要环节。

第二，围绕主题，诠释案例。总结法治案例、诠释法治案例是法治意识培育不可短缺的关键一步，如果说分析案例、呈现案例是法治意识培育的重要环节，那么构建知识、升华情感和服务生活则是培育学生具备良好法治意识的关键环节。案例教学活动的最后环节就是教师在学生对学习内容分析的基础之上，对案例中设计的法治知识以及延伸出来的法律条文做进一步的点拨，并进行全面、系统地总结，帮助学生巩固和加深对法治知识的学习。

（2）健全案例教学法培育法治意识评价体系

第一，全面评价教师应用案例教学法培育法治意识的教学水平。全面评价教师应用案例教学法培育法治意识的教学水平，既包括评价教师教学水平的评价主体的全面性，又包括评价内容的全面性。

评价教师应用案例教学法培育法治意识的教学水平的主体，应该包括自己的学生、同行的教师和上级组织等。学生是教师组织案例教学活动的直接参与者，同时也是法治意识培育的主体，因此应该给予学生在评价教师的教学水平时充足的机会；同行业的教师可以结合自己的专业知识评价教师的教学情况，给出的评价和意见是比较专业和准确的，也是对教师以后的实际教学最有帮助的，因此要尊重同行业教师的评价；上级组织者可以利用自己的权力对教师的法治相关的理论知识和案例教学的实际能力等各个方面进行考核和评比，作为职称晋级的标准来督促和鼓励教师进步。总之，对教师应用案例教学法培育法治意识的进行评价的主体应该包含全面。

评价教师应用案例教学法培育法治意识的教学水平的内容应该综合案例教学能力和法治意识培育效果这两方面。具体来讲，对法治案例的选取要有典型性和法治教育意义，要与学生的实际生活紧密联系，要能够激发学生的学习对法治知识的学习兴趣；对法治案例的呈现形式要多种多样，要有新颖性，要能够营造良好的法治意识培育氛围；对法治案例设置的问题要有启发性和价值性，既不能让学生产生畏难心理又不能失去案例的学习价值，要能有利于学生树立法治思维和法治知识在实际生活中的运用能力；对案例教学的组织要掌控有度，要充分发挥学生在法治意识培育中的主体性，做好学生学习的引导者；对法治案例的总结和评价要全面系统和及时有效，要有利于学生进行法治情感的升华。通过上面这些具体教学过程的评价标准，可以帮助教师准确定位自己在教学过程中存在的问题，逐步提高自己的案例教学能力和法治意识培育效果。

第二，综合评价学生应用案例教学法培育法治意识的学习效果。案例教学法是一种开放性较强的教学方法，在案例教学活动中不仅要关注知识的掌握情况，还要关注掌握知识的过程以及在这个过程中思维、习惯以及价值观等方面的形成。目前，单一的教学评价方式是影响案例教学法促进法治意识培育的重要因素。因此对学生学习效果的评价不能简单的以考试为主，应该采用更全面、更科学的评价方式。

培育学生的法治意识主要的落脚点应该是学生的思想和行为方面，学生的思想和行为很难通过简单的测试来衡量好坏，因为法治意识具有较强的隐性特点，对学生法治意识进行评价的方式是比较难把握的。教师要将法治案例教学的整个过程作为评价的对象，全面地评价学生在整个学习过程中收获的成果，包括学生的预习情况、教学活动中的表现、课后的表现等。对学生在整个学习过程中收获的成功进行评价，不仅要对学生通过考试的形式进行量化、质化的考核，还要从学生的实际生活入手，通过观察、问卷、访谈等形式关注学生在平时学习和生活中的表现，关注学生内在的法治思维、法治情感和价值观念等方面的发展情况，只有这样才能做到综合评价学生在应用案例教学法培育法治意识中的学习效果。

二、议题教学法

（一）法治意识培育中议题式教学的可行性

1. 符合学生的身心发展规律

初中阶段的学生正处于人生发展的重要阶段，他们的生理机能和身体素质逐步健全，抽象思维能力和元认知能力都得到了很大程度的发展。随着时代的发展，新时代的学生思维活跃、信息来源广泛。议题式教学作为打造活动型学科课堂的重要途径，具有议题式、探究型、活动型和开放性等特征，是一种围绕议题和情境，进行思辨性活动的探究型课堂教学方式，是对教学方式的创新与发展。同时，议题式教学适应了当今时代学生积极探索、思想开放、认真研究、勤奋思考等心理特点，遵循了学生的心理发展规律。

议题式教学的开展离不开对授课对象的分析，在教学前要对学生的学情进行了解调查，要遵循学生的认知发展特征。不仅要了解学生在感觉、知觉、注意、思维等认知特征的特点，还要在学生已有的知识经验、兴趣爱好等基础上进行教学预设。议题式教学突破传统的以教师为中心的观念，主张以学生为中心。对学生进行学情分析，可以从学生的课前、课中和课后三个角度进行调查，将授课学生作为调查对象。可以通过不记名的方式，让学生回答三个问题，分别是：你觉得教师运用议题式授课让你印象最深刻的瞬间是什么？你觉得这节课你最不喜欢的地方在哪里？你对我们的课堂有何想法？通过学生对这些问题给出的答案，思想政治课教师可以知道这一堂课存在的优点以及不足之处，从而吸取教训，总结经验，为以后的授课做好准备。

同时，教师在知识传授方面，也要坚持适度原则，根据学生的心理发展规律，以及学生的可接受能力，选择适合学生且具有挑战性的知识，使学生在思想政治课上收获知识的同时挑战自我，激发学生学习的潜能。议题式教学的议题是根据学生的学情而设计的，符合学生由易到难，由简到繁的认知发展规律，议题情境的设置也是根据学生的生活，再到理解应用的进一步迁移。议题式教学是促进思想政治学科核心素养落地生根的有效方式，是符合学生的身心发展规律的。

2. 适应学科教学变革的需要

时代进步对课程教学提出的新的发展要求。随着科技化和信息化时代的加速到来，知识变得越来越重要，也变得越来越唾手可得。而知识、能力、品格和素养是这个社会要求人们所必备的，这也正是教育和课程改革所追求的。课程改革注重丰富学生的知识、提升学生的能力、培育学生的核心素养，这也意味要对传统的教学方法进行改革，适应时代发展的需要，适应新时代对学生提出的新要求。议题式教学以学生活动为中心，是聚焦某个具体的议题而展开形式多样的活动议题是纽带和桥梁，学生是活动的主体。因此，要求教学方式进行变革，从传统的"教师中心"转变为开放民主的教师主导、学生主体的"师生交流"活动。

议题式教学根据议题创设好情境，老师把自己当成教学过程中的参与者，充分尊重学生的主体地位，促使学生由被动学习转变为主动学习，培养学生的自主学习能力和探究精神，使学生全面发展。议题式教学相对于其他教学方法，具有无可比拟的优越性，在培育学科核心素养方面起着重要作用。而议题式教学，一方面，促使教师更新教育理念、转变教学方式；另一方面，又促进学生主动学习，充分发挥学生的主体作用。议题式教学在全面依法治国的背景下应运而生，凭借其自身的独特优势，备受一线教学的政治教师们喜爱，也正是在这样的背景下，适应学科教学变革的需要。

（二）法治意识培育中议题式教学的运用策略

1. 提升教师灵活运用议题式教学的能力

时代飞速发展的背景下，传统教学脱离学生现实生活的弊端暴露无遗，而议题式教学在这种大环境下应运而生。议题式教学以其贴近学生现实生活广受师生喜爱。而教师开展议题式教学的成功与否，关键在于议题式教学的议题设计能力和课堂组织能力。

在议题设计方面，教师要以法治意识为目标，科学选择并设置议题。选择恰当的议题是开展议题式教学的前提条件和关键所在。但议题的主题众多，不是任何议题主题都能适用于教学。因此，如何选择议题，选择什么样的议题，都需要教师认真思考。教师选择议题要针对学生的实际生活，选择与学生的实际生活贴近的议题，体现"贴近"学生的思想。教师可以多方面、多角度了解学生的日常生活，搜集学生生活中感兴趣的话题，或者是学生重点关注的热点事件。同时，由于学生之间存在着个体差异性，教师还要关注不同学生的不同情况。教师在设计议题时，需要提前对学生进行调查，了解学生在之前的学习阶段中法治教育程度的基本情况以及学生的接受能力。针对学生的具体情况，设计符合全班学生学情的议题。如果教师能因材施教，设计具有趣味性的议题，并且符合教学内容的议题，就会很好地激发学生的探究兴趣，增强学生的代入感和情感共鸣。

在课堂组织方面，课堂活动的有序进行需要教师与学生的共同参与，活跃的课堂氛围是议题式教学的必备条件。学生只有在开放民主的氛围中学习与思考，他们的思维才能被激活。所以教师在组织课堂时需要营造一个良好的学习氛围，让学生在良好的环境中自主探索、探究、思考和选择。教师在营造环境的同时，也要关注自身的教学热情。教师在课堂中展现的状态是学生学习动机激发的重要因素，教师的情绪高涨，能帮助学生提高学习热情，促进学生对问题的主动探索和积极思考，使学生的思想更新颖。

此外，教师还要善于引导学生。课堂的开展需要教师组织，教师是课堂的引导者和辅助者。议题式教学是一种民主开放的教学模式，要求教师是以一种民主平等的身份倡导学生自主探究问题。但是，如果教师不对课堂加以组织，有效管理课堂秩序，放任学生无节制地自主研讨交流，容易造成偏离讨论主题的现象，影响教师的教学进度，也无法完成培育法治意识素养的目标。因而，教师要控制好时间，把握好课程进度，掌控好讨论尺度，灵活有序地引导学生进行讨论，做到环环相扣，以确保议题式教学的任务的完成。教师在提升议题设计能力和课堂组织能力的同时，还要加强自身思想的先进性，做到思想与教学方式的与时俱进。

2. 以议题的探究深耕学生法治意识素养

好的教育是培养问题的解决者。对于初中生而言，读背书本上的法治知识是轻而易举的，而法治意识的培育却不是仅仅依靠死记硬背课本上的概念就能完成的。在传统的应试教育理念影响下，课堂教学对学生意识形态的培育十分有限。注重考试分数，轻视学生的技能和素养的培育已经成为常态化。这样的环境下，学生很难通过传统教学方式培育法治素养。因此，以议题式教学培育法治意识应当成为课堂的常态。学生是学习的主体，在学习法治基础知识和参与课堂中的议题式教学后，应当积极主动地参与到议题问题的解决上。只有在议题式教学所构建的真实情境下解决问题，才能促使学生成为现实生活中法治问题的解决者，进而深耕学生的法治素养。

3. 结合议题情境开展校内外法治实践活动

在议题式教学中，构建真实情境是议题式教学的灵魂，而真实的情境往往与现实生活息息相关，抑或是来源于真实的生活场景。设置议题情境，引导学生围绕问题开展讨论活动，最终使问题得以解决，但同时也要结合议题情境，指向学生生活。唯有真实的情境，才能极大地激发学生的情感共鸣，从而进一步形成有利于议题式教学的氛围。基于此，与其让学生设身处地地体验、探究、感悟议题式教学所构建的真实情境，不如让学生真正处于现实生活带来的真正的法治实践场景，学生在现实生活中实地参与和感受，能够最大限度地激发其内心的情感共鸣。与此同时，教师也能在现实的法治实践场景中拓宽议题资源的获取渠道，也能通过学生在法治实践过程中的真实反映，更真实地感受议题式教学给法治意识培养带来的帮助，提升教学实效，进而实现教学相长。

因此，通过开展校内外法治实践活动可以极大地统筹校本法治教育资源，进一步落实以议题式教学培育法治意识。例如，可以在"3·15"国际消费者权益日来临之际，在校内外组织开展多项法治宣传活动，并跟随律师面向民众辅助进行消费者维权法律咨询。真实的案例远比枯燥的知识传授更深入人心，学生真真切切地在社会生活过程中感受法治意识的重要性，在帮助他人解答法律问题的过程中深耕自身的法治意识，形成法治素养。经历现实生活中的议题问题的解决后，教师在课堂上适时以议题式教学培育学生法治意识时，学生将会有更深刻的理解与认识。

第五节　法治意识培育的有利条件

新时代背景下，全面依法治国深入推进，青少年法治意识培育工作正如火如荼地进行着。不论是国家、社会，还是学校，都提供并创建着多种有利条件促进初中生法治意识培育。

一、宏观层面上的有利条件

（一）全面依法治国为法治意识培育提供良好的社会氛围

在坚持党的领导、人民当家做主以及依法治国有机统一之下，我国的民主法治建设迈出了重大步伐。全社会法治观念明显增强。为实现全面依法治国的总体目标，党和国家必坚定不移地走中国特色社会主义法治道路。当前，人们正处在一个法治的社会，运用着法治思维指导着日常生活，有法可依、违法必究、执法必严越来越成为共识。而国家为了创设良好的法治环境，不断完善法律法规，逐步增强法律权威，加快形成法律保障、监督体系等。一系列的法治举措显示着，良好的法治社会氛围给青少年法治意识培育创设了极佳条件。

（二）社会主义核心价值观为法治意识培育提供方向指引

《关于培育和践行社会主义核心价值观的意见》印发后，全社会迅速掀起了一股学习社会主义核心价值观的正能量之风，24个精炼的价值观词汇耳熟能详。《关于进一步把社会主义核心价值观融入法治建设的指导意见》中提出的一系列明确要求使社会主义核心价值观蔓延到千家万户。法治作为社会主义核心价值观中的重要价值之一，也逐渐深入人心。再仔细剖析《道德与法治》课本，我们会发现许多知识点都紧密围绕着社会主义核心价值观展开。比如，八年级下册法治专册，"自由、平等、公正、法治"贯穿其间。九年级上册教材，"富强、民主、文明、和谐"成为全书的框架。价值观作为文化最深层次的内核，为人们指引着一定的方向，给人们带来精神动力。有社会主义核心价值观的有力熏陶，初中生法治意识的培育更如鱼得水。

二、微观层面上的有利条件

（一）教师队伍建设为法治意识培育提供师资保障

思想政治课教师是初中生法治意识培育的主体。国家制定的《关于加强新时代中小学思想政治理论课教师队伍建设的意见》从不同的方面为新时代中小学思想政治理论课教师队伍力量的加强提出了具体的要求。文件提出，必须完善中小学阶段思政课教师队伍的配置与管理，通过专业能力培训、加强教研队伍建设、推进教师队伍专业一体化发展等举措全面提升教师素质能力，不断优化思政课教师评价机制等。确实，面对不断完善的法治意识培育内容，大部分"道德与法治"课教师面临一定的挑战。国家给予的强有力支持给"道德与法治"课教师增添信心与力量。

（二）多元课程资源的开发为法治意识培育提供便利

伴随 5G 时代的来临，智能化途径使学生获取的信息又快又多。学生已经不满足于课本知识，他们满怀好奇心探索课本外的新鲜事物。因此，多元课程资源的开发尤为必要。在学校，校园法治文化建设给他们带来乐趣。模拟法庭、法治辩论会、法治演讲比赛、法治研学活动等让他们拥有更多法治实践的舞台。在社会，各地青少年法治教育基地、社区法治宣传活动、司法机关等的法治宣传教育、网络媒体的法治文化产品等潜移默化地提高他们的法治意识。当法治实践与课堂理论相结合时，初中生法治意识培育更有生机与活力。当初中生原本抽象晦涩的法治课堂变成初中生有话可说、有言可发的课堂时，我们不能忽略多元课程资源发挥的巨大作用。

第六章　法治意识培育的提升路径
——基于初中"道德与法治"课程

第一节　充分发挥学生的主体作用

"法治意识是学生发展核心素养的重要组成部分，是法治国家建设的重要内容。"[1]在"道德与法治"课堂教学中，有意识地进行法治教育，培养学生法治意识，提升学生法治素养尤为重要。课堂的主导是教师，课堂的主体是学生。教学目标的达成需要双方的共同努力，师生双方的良好互动才能提高教学的有效性，所以在初中"道德与法治"课堂法治意识的培育中不仅要优化教师教的策略，同样也需要学生这个主体激发自身的内驱力，积极转变学习方法，提高学的效果。

一、拓展知识面，增强学生知识获取的途径

法治内容的学习不是一朝一夕的事，法律知识的积累也需要一个长期的过程。

第一，积极拓展知识获取途径。随着信息技术的发展，学生接触到信息的途径越来越多，有传统的课堂、杂志、电视，也有新兴的短视频、新媒体，在法治内容的获取上学生可以积极利用这些途径，从选取自己感兴趣的法治事件和法治人物开始，了解法治内容。但是面对良莠不齐的信息，在法治内容的获取时要保持独立思考能力，尽量选择权威途径。

第二，积极夯实已有法律知识。可以通过思维导图、表格等形式梳理已有知识，形成系统知识，如在八年级下册"人民代表大会职权"这一知识点的学习中，学生可以自主梳理立法权、决定权、任免权、监督权四项权利，并以表格的形式整理出来，通过对比更扎实地掌握此知识，区分四项权利，对知识形成全面认识。

---

① 陈志勇：《初中学生法治意识培养路径探析——基于《道德与法治》的教学》，《福建教育学院学报》2021 年第 22 卷第 02 期：第 77-79 页．

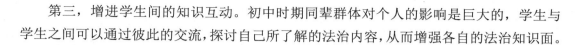

第三，增进学生间的知识互动。初中时期同辈群体对个人的影响是巨大的，学生与学生之间可以通过彼此的交流，探讨自己所了解的法治内容，从而增强各自的法治知识面。

二、提高行动力，培养学生积极主动运用所学

法治意识的培育从来都不只是各种条例、知识的学习，更多的是为了培养尊法守法用法护法的公民，一些学生虽然在意识上认同学习法治内容是必要的，但是在实际行动中却存在忽视法律的现象，所以说初中生作为受教育的对象也就是课堂的主体，需要积极调动内在的积极性对法治内容进行吸收和转化。

一方面，要敢于拿起法律的武器捍卫自己和他人的权利。在生活中我们可能会遇到损害自己、家人或朋友合法权益的现象，这时候要运用所学法律思维和法律知识积极解决遇到的困难。

另一方面，积极传播法治意识。教是最好的学，初中生可以在实际生活中积极传播法治意识，通过参加法治宣传讲解员、普法小能手等活动积极向他人传播法治意识，同时也可以在家庭生活中积极向家人讲解法治知识，培养家人的法治思维，从而促进家庭成员的尊法守法护法行为的发生。

三、捕捉兴趣点，切实转变学生学习的方式

在初中"道德与法治"课堂中，法治意识的培养同样需要学生激发内在的学习兴趣。提高学生对法治教育内容的兴趣不仅需要教师调整教学方法，同样需要学生转变学习方式，由被动接受型学习转向主动探索性学习，积极捕捉兴趣点，从而更深入地学习和领会法治意识。在课堂教学的过程中无论教师采取案例法、讲授法、实践法等哪一种方法都会安排学生活动，在这时候发挥学生自己的主观能动性，对学习兴趣的提高和学习目标的达成至关重要。作为课堂的主体参与者学生，要转变自我学习方式，增强对法治内容学习的参与度从而取得成就感，提高自我对法治内容的兴趣。

第一，主动参与课前准备。一方面，在法治内容的学习学生可以自主预习相关内容，并通过网络搜集相关视频，增强对本部分理解的同时增加兴趣；另一方面，"道德与法治"课法治内容教学阶段，教师经常会在课前三分钟安排"我来说法"活动，以增强学生对法律事件的关注和辨析能力。此时，学生可以主动申请参与活动，并认真准备增强锻炼自己的机会，提高自己的课前参与度。转变以往被动的学习方式，主动参与到课前准备中，学在讲之前，有利于提高自我关于法治内容学习的广度。

第二，积极参与课堂探究。学贵有疑，怀疑是探究的开始，探究是一切兴趣的起点，合作探究有利于深度理解所学内容。在法治内容的学习过程中，教师往往会在课堂中设置小组合作探究等课堂活动，当有机会与他人产生思想的互动时，学生要抓住机会积极的表达自己的观点，通过互动探究一步步加深自己对法治意识的理解，从而提高自我对

法治内容的兴趣。

第三，认真参与课后实践。实践是检验真理的唯一标准，只有将所学内容在课后实践作业中反复演练才能更熟练准确地应用。通过参与情景剧的表演可以促进学生更好地理解自我权利，也有利于学生在现实中积极行使自我权利。同样，如果教师没有安排相关课后实践活动，学生也可以通过班会等时间积极模拟法律事件，开展法律内容辩论、演讲等活动，积极对课堂内容进行实践或者模拟实践。转变以往敷衍式的实践作业完成方式，认真参与课后实践，学在课后，有利于提高自我法治意识，也有利于提高运用法治思维解决问题的能力。

第二节　充分发挥教师的主导作用

"青少年是国家的未来、民族的期待，增强学生法治意识不仅是落实培养学生核心素养的要求，而且是青少年加快社会化、深化公民角色的必经历程。"[①] 教师是人类灵魂的工程师，是人类文明的传承者，承载着传播知识、传播思想、传播真理，塑造灵魂、塑造生命、塑造新人的时代重任。在课堂教学的过程中，教师起主导作用，扮演着组织者、倾听者、陪伴者等多重角色，因此教师的专业意识对教学效果起决定性作用，在初中"道德与法治"课堂学生法治意识的培育过程中，教师是否具有专业的法律知识，是否能准确地解读法律案例，是否具备较高的法治意识，都将直接关系到学生在本部分学习的掌握情况。教师只有具备了以上能力才能更好地从事法治传承的教学工作，才能塑造高效有质量的课堂效果。

一、落实教师培训工作

教师培训对提升教学工作水平和促进教师队伍的持续发展具有重要作用，在强化法治教师意识中是必不可少的一环。应将法治教育纳入"中小学幼儿园教师国家级培训计划"，积极全面开展中学教师全员法治教育培训，为确保"道德与法治"课中法律教育的有效进行，培养出一批专业且优秀的教师，教师培训相关部门应该统筹规划，积极组织教师参加各级法治教育培训。

良好的培训制度是促进培训有效进行，激励教师积极参与培训的有力保障。各级教育主管部门需要结合实际调研情况针对"道德与法治"课专职教师设置相对应的培训制度，

---

① 陈志勇：《初中学生法治意识培养路径探析——基于〈道德与法治〉的教学》，《福建教育学院学报》2021年第22卷第02期：第77-79页．

定期开展相应培训教育活动，将培训制度化以保证教师培训的长效发展。在良好的制度基础上，积极创新培训模式，夯实培训内容。培训模式可以实行线上培训和线下培训相结合的方式，既利用已有的线上资源使参与培训的老师了解前沿法治教育开展的情况与目标，又结合线下培训的模式增加面对面的交流，促进教师对线上学习的进一步思考和转化。培训内容要考虑到"道德与法治"课堂法治教育的实际情况，既有对教学目标的理论研讨，也要有对课堂教学的实践操作，也就是既要邀请专家学者对法治教育的教学目标做深度解析，也需要经验丰富的一线教师展示优质法治课堂。

同时，学校在"道德与法治"教师的法治培训上不能充当看客，而应积极主动，有所作为。学校作为一线教师的直接管理者，应积极支持教师参与各级教育机构组织的法治教育培训，鼓励教师结合培训内容进行交流与再学习，并结合本校情况通过观摩交流、主题研讨等方式将培训所学转化到"道德与法治"课法治教育的实际教学中。

二、加强教师自身的学习意识

教师作为课堂教育工作的直接执行者，只有不断根据课堂指导思想与社会发展情况更新自我理念，夯实专业知识才能适应当下的课堂教学，促进高质量课堂的产生，达到理想的教学效果。

理念是指导行为的基础，教师的工作理念直接影响教师的教学行为，新时代下良好的师生关系表现为学生乐于学习，教师寓教于乐，师生彼此尊重、相互关心、携手共进，这些都要求教师更新自我理念。育人者先自育，为了更有效地在"道德与法治"课堂开展法治教育，引导学生运用法治思维考虑问题，在实际生活中运用法律武器维护自我权利，就需要教师与时俱进，积极树立法治理念，依法进行课堂教学，从自身做起尊法守法护法用法。

随着社会的发展，我国法律在不断地完善，法治教育的内容也随着这种完善有所改变和更新，这就需要教师关注法律时事，不断更新自我的法律知识，扩充法律知识储备，夯实法律专业知识。教师可以通过以下两个方面加强自身专业知识学习：

第一，阅读专业书籍。专业书籍的阅读是提升法律知识学习的必要途径，教师必须结合授课内容和培训要求积极自主的学习理论。由于法律书籍众多，教师在选择上应坚持权威和新版书目优先的原则，内容上应倾向于和"道德与法治"课堂法治部分教学内容相对应的部分。

第二，在课堂实践中提升专业知识。教师在提高自身法治意识的过程中也应该积极利用线上和线下课堂资源进行专业知识的丰富和运用。通过观摩线上平台的课堂获奖作品和线下与优秀教师的交流来提高自己，并将学习到的内容整理成文，运用到自己的课堂实践中，通过不断地观摩、整理、实践、反思的循环往复促进自身法治意识提升。

三、设定准确全面的教学目标

深度学习是一种基于理解的学习，是指学习者以高阶思维的发展和实际问题的解决为目标，以整合的知识为内容，积极主动地、批判性地学习新的知识和思想，并将它们融入原有的认知结构中，且能将已有知识和思想迁移到新的情境中的一种学习。而全面准确把握教学目标是深度学习得以达成的必要条件。

教材是为初中阶段法治教育的主要教材载体，初中"道德与法治"课堂为初中阶段法治教育的主阵地，将青少年法治教育的指导思想定位为全面提高青少年法治观念和法律意识，使尊法学法守法用法成为青少年的共同追求和自觉行动，并确定以社会主义核心价值观为引领，普及法治知识，养成守法意识，使青少年了解、掌握个人成长和参与社会生活必需的法律常识和制度、明晰行为规则，自觉尊法、守法等为青少年法治教育的总体目标。

法治教育最终指向学生法治意识的提高，要真切的做到提高学生法治意识就需要教师在实践中关注核心意识，注重教学目标一体化。在备课环节充分准备，从教师参考用书、线上优质课、线下课堂观摩等途径多方学习，并结合学生基本学情进行教学设计，在教学设计中要考虑教学目标，合理分配教学任务，在实际教学中全方位落实教学目标。

确定教学目标后，为了教学目标的顺利实现，教师根据学生学情，以学生生活中的相关题材展开设计，将学生喜闻乐见的校园情景剧贯穿于课堂教学中，辅之以具体案例，分析案例背后的法律知识，促进学生了解依法维权的方式有协商、诉讼等，明确能够提供法律服务和帮助的机构，并通过根据校园欺凌现象写一封倡议书的课后实践作业引导学生树立守法光荣，违法可耻的观念，弘扬社会主义法治精神。

为了提高"道德与法治"课法治教学的质量，教师须关注核心意识，注重教学目标一体化，立足新课改背景，积极探索适合当前学情的教学模式，丰富教学资源，注重学生生活与教学内容的联系，引导学生勇于探索、积极实践，形成多种方式与途径的联动，从而确保在课堂教学中期待的教学目标得以实现。

四、提高教学方法使用能力

课堂教学有一定的方法，针对不同的学情和教学内容采取不同的教学方法才能取得最好的教学效果。在初中"道德与法治"课法治内容教学过程中同样既需要考虑教学内容也需要考虑学生学情进行教学。

初中法治教育要考虑青少年身心发展规律和实际，合理地选择教学方法，注重实践式、体验式、参与式等课堂教学方式，注重学生的参与、互动、思辨，创新形式。通过改进教学方法优化教学过程，提升学生在法治教育过程中的兴趣和参与度。同时，初中"道德与法治"课的法治教育应当建立在全面系统地把握初中生特点的基础之上。只有真正考虑到学生学情，才能更好地因材施教。目前，随着教育技术手段的提高和教师理念的转变，多数教师已经从课堂教学模式上开始转变"满堂灌"方式，在课堂教学中融入视频、情境等素材，期待更好地调动学生兴趣，越来越多的教师开始关注课堂教学的主体——学生，将分析学生的真实情况纳入备课环节，而不是只关注大方向的学生身心发展规律。

在"道德与法治"课的教学过程中教师占主导地位，需要在把握课堂大方向的基础上，充分相信和发挥学生的主观能动性，灵活使用既适合学生真实学情又符合法治内容教育目标需求的教学方法。

（一）讲授法

随着教育改革和各种新教育理念的传播和流行，教师在教学方法的选择上也日益增多，传统的讲授法受到了极大的挑战，然而在初中"道德与法治"课法治内容的教学过程中，讲授法是必不可少。一方面，由于法治教育内容具有高度的凝练性和系统性，属于教学内容中"高大上"的部分，所以充分的讲解和分析是必须存在的；另一方面，当下的课堂教学时间只有 45 分钟，且有教学知识目标的硬性要求，在课堂上学生需要对重点知识不断强化。讲授法作为教学最基本的方法之一，是教学活动的根基，只有不断使用、练习、优化讲授法，才能更好地完成法治教育的目标。

准确、高效使用讲授法，并与其他教学方法相结合，是适应教学改革要求，是为学生营造更有利于其发展的新课堂的必经之路。讲授法是指特定教学任务和教学目标的引导下，教师通过语言解释概念、论证原理和阐明规律，从而达到向学生传递系统知识、培养学生能力和提高思想认识的教学方法。在使用讲授法时要注意以下两点：

第一，突出准确性。法治部分的教学其所教授的内容必须是准确的，不能模棱两可，也不允许出现任何误差，教师在法律条文、法律权利义务等教学过程中对内容必须准确传达，不能自行解读，更不能对法律内容本身掺杂主观评判。教师必须在备课环节详细准确地把握法律教学的内容，这样才能才课堂教学中保证教学内容的准确性，使学生感受法律内容的严谨与科学性。

第二，注重启发性。讲授法要做到讲中有导，善于设置问题引导学生思考，促进学生带着问题探究教学内容。

（二）案例法

初中"道德与法治"中法治内容的教育的目的最终指向对法律的运用，而法律所涉及的内容由于其专业性和严谨性，往往导致了其难懂和深奥，并不适合初中阶段的学生直接进行学习，所以在此部分的教学过程中为了充分考虑初中生处于形象思维活跃的阶段，和对运用法律参与社会生活的需求，教师在教学的过程中可以积极选用案例法。

案例法是教师根据教学目标和教学内容，选择一定的教学案例来进行教学的一种方法。从法律知识的相关典型案例着手，进行一定的情境再现，将学生带入具体的案例之中，由教师通过问题的合理设置引导学生对案例进行分析、讨论、思辨。在过程中强调学生积极主动参与、自发生成观点，以此来促进学生分析法律案件的思维能力，提高在生活中依法参与社会生活的能力。同时，案例教学法能将生活中真实发生的案例与法律内容的学习有机结合起来，符合"以学生生活为基础"的课标要求，使学生清楚法律就在自己身边发挥着不可替代的作用，有利于提高学生学习法律的积极性。

案例教学法的核心在于案例的选择，合适的案例才能达到预期的教学效果，所选案例需要紧贴教学内容和将要解决的核心问题进行。在案例选择上，重中之重是保证案例的真实性。真实的案例才更能打动学生，也更能感染学生，在法治内容的教学过程中更是如此，真实的案例既有利于学生学习法律知识，也有利于学生提高在实际生活中分析和解决此类事件的能力，同时能提高学生感受法治严谨与法外有情，体验我国坚持依法治国和以德治国相结合的治国理念。

（三）实践法

教学内容中所包含的各种知识，只有通过个体自身的体验才能真正走进个体内在的精神世界而生成素质。所以，在法治内容的教育过程中实践也是必不可少的内容，教师在教学过程中可以合理地安排实践活动，引导学生通过实践感受法律、处理法律问题，增强在复杂社会情况下学法用法护法的能力，真正将法律知识做到内化于心，外践于行，知行合一。在法律内容的教学过程中可选择的实践活动有板报比赛、主题演讲、实地调查、模拟法庭、案件重演、即兴戏剧等方式，多种选择要求教师在实际操作的过程中充分考虑学生学情、教学内容、教学时间等因素。

处于初中阶段的学生思维活跃，喜欢参与互动度高的实践活动，教师可以根据教学实际和学生情况，合理选用实践方法，但是无论选择哪一种方法都需要考虑可操作性。教师在进行实践活动时，不能为了实践而实践，需要充分考虑实践的目的、实践的可操作性，积极选取适合的实践活动，才能达到教学目标，升华学生的情感体验，促进学生树立正确的法治观念。

教学方法的选择在教学过程中至关重要，在教学方法的使用过程中需要注意三个问题：①灵活选用教学方法。在实际使用中要相信没有最好的教学方法，只有最适合学情和教学内容的方法，要结合这两者选用适合的教学方法。②教学方法不是独立存在，在教学的过程中无论是讲授法、案例法、实践教学法都不是独立存在，在课堂教学中往往是多种方法交互使用的，方法与方法之间紧密地联系在一起。③教学方法不是一成不变的，随着教育改革和技术手段发展，教学方法也在不断更新和发展，教师在教学过程中应该认识到教学方法的发展与更新，通过不断地学习来丰富自我教学方法，提高教学方法使用的能力。

第三节　提升家庭成员的法治观念

法治意识"蕴含着公民对法律及法律现象的看法和观点，是符合法治社会建设要求的法律意识形态，是认同并自觉遵守法律体系的思想境界。"[1] 学生最基本的、第一个活动场所是家庭，父母是学生的第一任老师，家庭的价值观、教育方式和教育内容的正确与否关系到学生的身心健康发展。人组成社会，每一家庭都映射着社会的缩影，家庭成员的法治素养影响其在社会中的行为方式，受学生的个体差异与有限的课堂教学影响，同一教学模式下，不同学生对于所学的内化吸收存在差距，学校教育对于初中生"道德与法治"课法治意识培育的影响终究是有限的，就需要家庭的力量作为补充，形成内外一体的家校合力。因此，父母的法治素养与教养观念对孩子未来发展起着至关重要的作用。

一、借助社会力量提升法治观念培育的科学性

（一）国家和政府发挥宏观层面的价值导向作用

在家庭成员培育法治观念，家庭并不是孤立的、唯一的主体。党和政府是建设中国特色社会主义法治体系和全面推进依法治国的领导者、组织者和实施者，是整个国家事务的管理者。家庭作为国家和社会的基本构成要素，国家能够对家庭的发展方向与核心价值理念进行积极引导和规范，促使家庭与国家的发展方向相一致，而不至于使家庭成为对抗国家和社会的消极力量。因此，在家庭成员培育法治观念，应注重发挥国家和政府的价值导向作用，构建家庭和国家、政府在法治观念培育中的联合机制。

国家和政府在法治教育中具有丰富多样的职能，就其对家庭成员法治观念培育作用的发挥来说，主要体现在对家风建设和家庭法治观念培育的价值导向和示范引领的作用。家风建设要紧密结合培育和弘扬社会主义核心价值观，确定了新时期家风建设的发展方向，在家庭成员培育法治观念也就成为新时期家风建设的题中之义。

政府应通过其文化教育领导职能，领导宣传、教育部门和工青妇等其他组织机构各自承担起在法治宣传和弘扬家风文化中的职能，加大将法治观念融入家风建设的宣传力度，尤其是要深入社区、单位、村委等基层组织，实现法治教育和法治思想的最大化普及。同时，把家风建设纳入群众性精神文明创建活动，指导和引领各项家风建设活动和法治文化活动的开展，最大限度地组织各行各业把家风建设工作落细、落小、落到实处，

---

[1]　王丽：《何以培育初中学生法治意识》，《中学政治教学参考》2018 年第 29 期，第 13-14 页。

如积极组织开展法治家风评选活动，寻找最美法治家风、法治家规家训征文比赛等，大力宣传、鼓动和推进家庭成员培育法治观念，促使全社会形成浓厚的社会氛围，使家庭成员法治观念的培育在良好的社会法治环境中展开。

重视家庭家风家教，建设清正廉明、尊法、守法、信法的良好家风，将是对广大人民群众把法治观念融入家风建设的最佳示范。领导干部的家风是党风和作风的重要表现，领导干部要重视家风建设，要带头抓好家风，为广大人民群众做好表率。领导干部作为人民选派的代表来参与国家事务的管理，其思想和行为彰显着党和国家的形象，也深刻地影响着广大人民群众。因此，党和政府、领导干部带头践行法治，积极建设法治家风，严格要求领导干部和公职人员的亲属和身边的工作人员遵纪守法，就是向全社会传播家风建设和法治观念培育的重要标杆和榜样示范，是广大人民群众建设优良家风的有效手段。

（二）构建良好的社会法治舆论氛围和法治风气

社会舆论氛围的形成是由不同行业和团体组织的众多媒体，包括报纸、杂志、广播、电视、网络、自媒体等共同形成的具有一定影响力、引导性和宣传性的具体舆论之间相互融合的结果。良好的社会舆论氛围是传播和引导社会主流价值观念的关键因素。家庭成员法治观念的培育离不开整个社会法治舆论状况和社会法治风气，良好的社会法治舆论环境是建设法治家风、培育法治观念的基础，而反过来千万家庭的法治家风和广大民众法治观念的增强，又能促进良好社会法治舆论环境和社会法治风气的形成。

要构建良好的社会法治舆论氛围，社会法治舆论宣传既要坚持宏大叙事弘扬理性、确立崇高理念、凝聚社会共识的特点，同时坚持从人们细微的、具体的日常生活出发，通过一系列与人民生活紧密相关的、平淡无奇却意义深刻的法治事件的叙述，将法治观念融入其中，激发民众的情感和浓厚兴趣，增强社会法治宣传教育的实效性。

家庭成员法治观念培育的资源和素材通常来源于社会法治舆论，就使得生活化的叙事模式便成为不可或缺的手段。因而，社会公众媒体要着力把握好社会法治舆论宣传中宏大叙事和生活叙事之间的张力，使社会法治舆论既不是抽象空洞的理论说教，也不会仅仅是充满碎片化的生活经验，才能构建既活泼又严谨，既有理论深度又有生活乐趣的社会法治舆论氛围，才能为家庭成员法治观念培育提供良好的社会法治舆论氛围。

二、注重家庭教育，建立法治观念培育的"第一课堂"

家庭成员法治观念培育，坚持在家言家，坚持家庭主阵地，充分发挥家庭教育的基础性作用，从家庭教育理念、培育方式和媒介载体等方面为起点，建立法治观念培的"第一课堂"。

（一）坚持道德与法治并重的教育理念

我国在法治理论研究、法律体系的完善与发展、法治制度的实施方面都取得了巨大成就。但是，在法治实践与法治宣传教育方面仍存在差距，我国的法治宣传教育取得的成效和发展速度远远落后于法律体系、法律制度和法治理论研究的完善和发展。

家庭中的法治教育能够弥补学校教育和社会普法教育的缺陷，实现受众群体的最大化普及和法治宣传教育内容的个性化和生活化转换，能够给予人们最接地气的和基础性的法治教育。但是由于受我国教育现实状况的影响，许多家庭普遍侧重于智力教育，而忽视了道德教育和法治教育，家庭教育功能尤其是在法治教育方面作用十分微弱。在家庭成员培育法治观念，真正实现法治家风常态化，坚持道德与法治相并重的教育理念则成为法治观念培育有无实效性的关键性因素。

法律与道德有着千丝万缕的联系，二者相互影响，相互渗透。而在人们已有的经验性认知中，也并不认为法律与道德是相互分离的。道德与法律的相互关联以及人们对法律与道德之间的基础性认识，使法治教育与道德教育之间的结合成为可能。

在家庭教育中，法治教育与道德教育互为基础，相辅相成，相互促进。通过家庭的伦理道德教育能够涵养个体的道德品格，塑造良好的道德人格，促使个体明辨是非、远离恶行，养成自觉自律、遵守道德规范的好习惯，而良好的道德素养又有利于个体对法律法规和法治价值的理解和认识，对提升个体的法治思想观念和法治行为实践奠定良好的基础；个体法治素养的提升和规则意识的养成，又能促进个人对伦理道德规范和行为准则的遵守。

法律与道德都不仅仅是行为规范，同时甚至首要的是精神，是价值观念，是社会关系。因而，法治教育与道德教育也并不仅仅是行为规范教育，更首要的是二者都是价值观教育，都共同指向人的价值观念和精神追求。在家庭成员法治观念培育，将法治教育与道德教育相结合对于个体价值观念的确立是不可或缺的，不能将法治教育与道德教育割裂开来，培育法治观念并不意味着完全排斥道德教育，单纯的法治观念培育并不能提升其实效性，而应将法治教育与道德教育结合起来，共同推进家庭良好法治氛围和法治家风的实现。

（二）实施体验式法治观念培育方式

家庭成员法治观念培育应侧重于日常生活，以人们的实际生活为出发点，从对生活的体验中确立科学的法治观念。体验是生活的体验，是对生活的思考与领悟，从生活中获得情感体悟与思想认识。体验式的培育方式就是改变传统单一、抽象的说理教育，确立现实生活为主体场域，关注个体的内在心理和思想情感，通过多样化的、富有生活气息的教育形式和实践活动，促使个体在生活化的体验活动中接受知识、内化思想，最终形成稳定的价值观念。

生活是体验的现实源泉，也是家风中法治观念培育的前提和基础。实施体验式的培育方式，就是要从现实生活为出发点，挖掘现实生活的法治培育资源，将理论性的知识与实际生活法治事件紧密联系，运用生活化的语言表达和寓教于乐的形式，引导家庭成员进行思考和讨论，使其能够从中获得对法治的感知和领悟。

在家庭的休闲时光中，可以组织家庭成员共同就身边出现的某件法律事件或针对与自身休戚相关的权利与义务、如何维护和主张自身的合法权益及如何履行相关的义务等问题进行深入讨论，在这过程中不断加深对法律法规和法治价值的感悟和认识，不断修正或深化已有的法治认知。

此外，对于经济条件较好或文化素质水平较高和重教育爱知识的家庭，可以积极组织家庭成员参与法治实践活动，如参观法律庭审活动或组织建立法律互助小组，解决近亲友邻或他人的法律困惑与问题等。同时，组织家庭成员积极参与精神文明办、社区或村委组织的法治文化宣传活动，自主编排法治小品、法治故事、法治歌曲等，通过将法治观念与文娱活动相结合，将法治内容融入其中，寓教于乐，深化家庭成员对于法治知识的认识，为法治观念的确立奠定意识基础。

体验式的培育方式是家庭成员法治观念培育不可或缺的重要方式。家庭法治观念培育不可能采用纯理论或理论性极强的说理教育方式，这种纯理论教育方式收效甚微，而对于中国许多家庭来说也是不现实的，同时也无法彰显家庭教育的独特优势。生活体验式的法治观念培育是一种法治实践活动，只有经过切实体会的实践才能获得最真实的感悟和认识，只有经过再实践、再认识，才能加深对法治的认识，培养法治的深厚情感，强化法治的思维方式和行为方式。

（三）注重法治观念培育中的情感教育

家风家教是建立在天然血缘关系和宗法关系基础上的教化，具有独特的情感优势和心理优势。家庭成员法治观念培育应注重运用家庭中的亲情优势，通过情真意切的亲情感化和爱的熏陶使家庭成员受其亲、信其道。情感教育是奠定家庭成员法治情感养成的基础。

在法治观念培育中运用情感教育，要正确对待家庭成员关于法治的情感认识和情感需要，由于家庭成员在人生阅历、科学文化素质水平、身份职位甚至是认知能力、理解能力等自然性与社会性的差异中，使个人在对待法律法规和法治上存在多样性的情感认识和情感需求，这就需要尊重家庭成员的情感认识和需求，承认对待法治的情感认识的特殊性和多样性，不应划定同一的思想标准和情感需求，但是对违背法治观念的情感认识要进行积极规范和修正，引导家庭成员树立尊法、爱法的法治情感。

家庭教育的优势就在于它能够关注到每一个家庭成员思想情感变化，并做出针对性和个性化的改变。要充分发挥培育者的人格魅力和情感魅力，家长通常是家风中法治观念培育的组织者和实施者，家长应主动提升自身的法律认识和法治素养，塑造良好的人格品质和模范典型，运用恰当的言语表达方式和行为举止等，以独特的人格魅力对家庭成员进行法治教育，更易于使个体形成情感上的认同。

此外，坚持爱与尊重相结合的原则，把握好情感运用的力度，不能滥用亲情关系强制和压迫家庭成员的服从和遵守。良好的情感教育能够促进家庭成员对法治的认同和尊崇，有助于科学法治观念的养成和确立。

（四）运用新媒体作为法治观念培育新载体

家庭成员法治观念培育要坚持传统与现代相结合的原则，充分运用现代科学技术的积极优势，为家庭法治教育增添新助力。随着互联网的飞速发展和自媒体的涌现，网络生活成为人们日常生活的重要部分。网络平台不仅是人们分享生活点滴、交流情感和工作往来的基本工具，更是国家应牢牢把握的意识形态领地，成为国家传播社会主流价值观的重要载体。就法治宣传教育而言，由官方打造的面向广大人民群众的普法网站、微博、公众号、手机移动普法 App 等法治宣传媒介丰富多样，并且内容真实权威，贴近民众、贴近实际、贴近生活，语言表达通俗易懂、生动有趣，理论性和生活性相统一，是人们获取法治资源的重要渠道。目前，微博、微信、QQ 等成为每一部智能手机和电脑的装机必备软件。

家庭成员可以通过关注普法网站、普法公众号等获取相关法治资源，解决家庭中法治观念培育资源问题。同时，通过建立家族微信群、QQ 群等线上方式，将这些科学、正确的法律法规、社会主义法治建设资讯、社会法治热点问题解读等法治资源分享给家庭成员共同学习和交流，为树立科学的法治观念奠定基础。

三、家庭成员法治观念培育的主要方法

方法与目标和内容紧密联系，是为实现目标和任务所采取的方式和手段。家庭成员法治观念培育的方法是指为了达到法治观念培育的目标，促使全社会尤其是全体家庭成员共同参与到法治观念培育的活动中，是针对家庭、家教、家风特点和法治观念培育的特殊的方法。

（一）榜样示范法

榜样示范法，是指教育者运用为社会所褒奖和赞赏的先进组织或模范个人的典型事例进行教育，通过宣传模范人物（或集体）的奉献行为、先进思想、道德品格、价值观念等，引导教育对象进行学习和效仿，以达到提高思想认识、自觉践行的目的。先进典型榜样总是蕴含着社会认可的和倡导的核心价值观念，是崇高精神的具体体现，富有感染力、说服力和可接受性。运用典型榜样进行教育，能够将抽象的说理转化为生动、形象、鲜活的内容，激发教育对象的情感共鸣，从而提高教育的实效性。

榜样示范法是一种传统的教育方式，也是思想政治教育的基本方法。在家庭教育和家庭成员，榜样示范也是最有效的方式之一。由于家庭所具有的独特的亲情优势和基础性教育优势，个人的思想观念、行为方式往往会受到家庭成员之间的深刻影响，总是在潜移默化中就形成或改变某种思想观念和行为习惯。父母是孩子的榜样，在传统家庭成员尤其重视父母长辈兄长的以身作则、率先垂范，以及通常是通过弘扬和践履先辈们的高尚道德品格和优秀思想观念而凝聚的家庭风尚。从某种程度上说，家风就是榜样的传承和延续。

因此，在家庭成员培育法治观念，国家和社会应积极对拥有良好法治家风的家庭和拥有高尚的法律素养、法治品格和模范行为的典型先进人物和事迹进行褒奖和赞赏，树立典型榜样，同时深入广大人民群众中进行广泛宣传和鼓动，尤其是要深入人民群众日常生活紧密相关的基层组织和微观场域，诸如社区、村委、家庭等，有效引导和激励鞭策全体社会成员向榜样学习、向榜样看齐，不断增强社会成员的法治观念和法治行为实践效果。同时，家庭成员法治观念的培育以家庭为主场，充分发挥家庭成员、亲友邻里尊重法律、敬畏法律、信仰法律和维护法律的模范作用，运用榜样示范有效提升法治观念培育的效果。

（二）激励与感染教育法

激励与感染教育法是家庭教育的主要方法，是通过激发个人的主观动机和思想情感，充分调动个体的积极性和主动性，以达到提升教育效果和实现教育目标的方法。激励教育法包括正面激励和负面激励，即褒奖和惩罚。

感染教育法则主要强调文化环境对个体的潜移默化的影响和感化，使个体在无意识或不自觉的情况下就接受教育和提高认识。中国古代家庭建设家风中，往往通过对家庭成员的思想和行为进行肯定、表扬或批评、惩罚，使其接受认可、传承和践行家规家训或非文字性的价值理念，形成家庭核心精神相适应的思想观念和行为方式，从而凝聚成家庭独特的文化风尚。由于家庭具有的独特的亲情优势，家庭成员之间通过激励、感染等更易于产生思想融合和情感交融。

家庭成员法治观念的培育通过充分恰当地运用激励、感染教育法，构建重视法治教育、尊崇法律法规的家庭文化环境，对家庭成员良好的法治思想、品格和行为予以表扬和肯定，而对于不符合社会主义法治价值的思想认识和行为习惯则予以恰当的批评或惩罚，促使家庭成员提高思想认识，增强法治观念。因此，家庭成员，通过恰当运用激励和感染教育法，能够使法治观念培育更具有亲和力和感染力，从而有效提升家庭成员对家风建设和法治观念培育的获得感。

（三）自我教育法

自我教育法是指主体按照教育目标和要求，充分发挥主观能动性，通过自我修养、自我学习、自我反思、自我总结、自我鉴定等方式，主动接受科学理论、先进思想观念、社会生活规范，以提高自身思想认识和道德水平的方法。自我教育是完成教育任务、实现教育目标的关键因素，因为任何的教育内容都只能通过受教育者积极主动的自我内化活动来实现。自我教育既包括个人的自我教育和群体的自我教育。个人自我教育是个人通过自学、反省、自律、自我修正和改进，自主提高自身的思想认识，个人既是教育者又是受教育者；群体自我教育是在群体或组织内部，成员间的相互教育、相互影响、相互激励和相互提升的活动方式。

家庭成员法治观念培育的效果，在很大程度上取决于家庭成员和社区、村委等基层组织的自我教育状况。家庭作为私人领域，国家的政策法律不可能规制家庭生活的方方面面，尤其是在家庭教育和家风建设方面，国家除了宏观层面的引导和规范之外，往往依赖于家庭和个人的自觉、自主的实践。传统家风建设十分注重家庭成员的自我修养、自我省思和自律自教，强调修身、齐家、治国、平天下，自我修身、自我教育是齐家的核心。在家庭成员法治观念的培育应充分发挥家庭成员的主观能动性，激发家庭成员对法治观念的浓厚兴趣和内在需求，积极引导家庭成员自觉主动地进行自我教育以及家庭成员之间互帮互教，相互激励和相互提升。

第四节　加强校园的法治文化建设

环境对人们的影响是潜移默化的，严明的校规校纪与浓重的法治培育文化氛围将助力初中"道德与法治"课法治意识培育，形成良好的法治文化校园氛围。

一、多方结合，促进校园法治文化建设

（一）依法治校与以德治校相结合

依法治校、以德治校是现代教育制度的重要组成部分。建设法治校园应当法治和德治并举。它与我国传统的德治、礼治传统较为相符，与现代学校倡导的民主法治理念也相符。两者具有相同的目的，都是为了学校的发展和培养社会主义建设者，只是学校管理的模式不同。两者都可以实现自律和保障人的全面发展。德治是从个人的内心想法出发，塑造个人的良好素质，实现自我约束的机系统。一个人自身的素质得到提高，促进了个人的整体发展。法治从个人权利不断实现自我发展，实现个人权利救济。特别是对于中

学这一培养人的知识和素质的重要阵地，将法治与德治相结合非常有必要。

第一，提升民主与科学管理理念。民主科学的管理首先应培养法治思维和法治方式，管理者在自由裁量权限范围内，尽可能以人性化的方式开展教育教学活动，通过制度性规章对学生内心开展引导和约束其自觉性，让学生尊重法律来自内心自觉性，切实真正地培养权利和道德观念。

第二，注重培养师生诚实守信观念。不论是法治还是德治，人与人之间诚实守信是必不可少的，中学生在学校必须培养的品质之一就是诚实守信，也是生活的规范。学校教职工之间的信任来源于广泛的民主，法治所代表的意思是自治，若我们把它当作契约产物，它需要我们具备良好诚实守信观念。

第三，培育学校的正义和秩序观。法律哲学应不断融入法治思维和法治方式，道德也需要这样。道德从自我修养和情感的角度出发，它以人性化的标准来实现正义与公平、公正，促进和实现社会公平、公正。因此，中学在法律与道德的结合方面应不断做好做实，在校园大力宣传和倡导正义感、使命感。在秩序层面上，倡导法治有助于构建一个有序的世界，可以通过外部规范确立秩序的框架，作为最后一道屏障来保障社会的公平正义。

（二）法治教育与道德教育相结合

在初中校园法治文化建设中，同样需要不断加强道德教育。可以说高层次的法治文化来源于底线的道德品质，思想修养作为一种内在的精神品质，它体现着一个人的价值，公民道德素养的高低与法治素养的好坏是成正比的。一个人思想品德的好坏直接影响着它是否遵守法律规章制度。因此，法治教育与道德教育之间存在着辩证统一的关系。中国是一个历史悠久的传统德治和法治国家。在中国特色社会主义新时代的今天，思想政治教育方面的贡献也是值得肯定的。中学取得的进展也是极为明显的，道德与法治教育得到了更好更快的发展。所以，学校应秉持思想道德与法治教育的有机结合，从而促进内部和外部调整机制相辅相成，这极大促进人的全面发展。

道德教育与法治教育作为学校的基础性教育能够得到有机结合，这有利于基础性知识和基本素养的进一步巩固和提升。与此同时，学校要在德育过程中体现法治化管理程序，法治化管理是一种现代化管理理念的产物，它也是一种现代化德育方式。学校通过制度执行、规范行为等方式，在法治化管理过程中不断对学生的言谈举止加以引导和规范，从而提高学生的道德修养。

（三）显性法治教育与隐性法治教育相结合

学校的显性法治教育形式多样，常见的有法治教育、法律知识竞赛、法治征文比赛、法律咨询或法治讲座、模拟法庭、法律情景喜剧表演、辩论、法治理论、法治教育社会实践、法治志愿者服务、参观法治教育实践基地、法治教育主题课程以及校园广播等都属于显性法治教育的形式。显性法治教育是一门以知识为基础的课程教学体系，它在教学和实践活动中有一定的目的性和计划性，这一重要的平台在目前中学法治教育中也是较为常见的。通常隐性法治教育是通过法治教育活动使教育主体受到法治教育的微妙影响，它是无意识的、无目的的一种方式，它不需要教师传统的教学方式。

中学的法治教育应注重显性教育与隐性教育的结合，在一定程度上提高对隐性法治教育的重视程度。在显性法治教育方面，应积极改革创新方式方法和不断丰富其内容，引导中学生积极了解法治，不断提高学习法律知识的积极性。不断完善学生权利救济机制，保护学生的知情权和申诉权。

二、教育载体上构建初中校园法治文化体系

（一）制度机制——保障校园法治文化建设

建设初中校园法治文化是一个系统工程，规章制度是前提，实施机制是保障，法治文化是基础，三者缺一不可。校园法治建设应形成良好的法治运行状态，从而实现校园的和谐发展。

第一，制定良好的规章制度是前提。校园法治文化建设的最终目标是保护全体师生自由、平等、安全和权利，维护校园和谐安宁。实现这一目标的基本前提，先要制定良好的规章制度。制定学校规章制度与教育教学实践要求还存在一定差距，应在提高制定学校规章制度质量上下功夫，充分发挥学校规章制度的引领作用，不断完善校园法治文化建设体系，为加快建设法治校园奠定良好制度基础。

第二，确保规章制度有效实施是保障。亟须健全校园规章制度实施机制，确保各项校园法治文化建设规章制度有效实施。

第三，培育校园法治文化是基础。校园法治文化是一个学校长期积淀形成的，它体现了对校园学习生活的价值观和评判标准，是校园法治建设的精神要素和文化土壤，对校园法治建设起着无可替代的支撑作用。当前，应着力建设充分体现法治精神的规范性、引领性校园法治文化，在法治校园建设中实现制度、机制、文化的有机统一。

（二）法治宣传——弘扬校园法治文化精神

"点对点"开展法治宣传，增强中学生对校园法治文化建设的获得感。"点对点"向广大师生推送法治宣传知识，是获得法律知识最有效、最直接、最有亲历感的宣传方式，也是他们最有获得感的宣传方式。为此，可有选择性地在校园显要位置布局法治宣传元素。可不断加强校园橱窗、宣传栏、电子显示屏等固定宣传阵地建设，广泛开展法律法规宣传、校级班规宣传等法治宣传教育活动，打造一批有固定受众、效果明显的宣传阵地。学校可定期制作有关法治知识警示和活动材料的黑板报，并进行统

一评估，或发布法治小报。学校可利用校园宣传栏，定期张贴法律、法规、案例资料及相关活动照片等，在学校阅览室、图书馆内可添加青少年普法读本或出版物，供学生阅览学习。此外，还可争取更多社会资源，如借助电视台、报纸、广播、网络等平台宣传校园法治文化建设。可通过家校联系来提高家长的法治意识，引导他们教育学生。可与司法机关形成合力，如邀请法官、检察官、律师、公安民警等开展"送法进学校"。

通过不断推进班级文化建设，营造浓厚的校园文化，可进一步宣传法治观念、增强学生的法律意识，起到育人、宣传等教育效果。同时，也进一步弘扬了校园法治文化精神，培育了校园法治文化。

（三）专题教育——深化校园法治文化教育

可针对学生的认知水平、学习兴趣、思想认识、行为表现和社会时事热点、学科或德育工作实际需要等方面的差异，侧重法治教育的针对性和实效性，持续开展丰富多彩、有针对性的专题教育活动，使学生的法律意识和法治观念不断得到增强。

"面对面"开展法治专题教育，增强中学生对校园法治文化建设的亲近感。"面对面"传授法律知识、提供法律咨询、解决法律问题，是赢得广大中学生理解、支持、拥护的重要手段。如组织"法治教育"主题班会，举办法治教育专题报告会、座谈会等。学校每学期可邀请法治教育工作者做专题报告，或者向家长发送法治宣传教育材料，也可建立家校联系制度的方式以动态管理形式监控学生在校外的日常学习和生活。

组织举办多种形式直观的法治专题教育，可更加鲜明地体现法治文化的特色和现实意义，在深化校园法治文化建设方面起着不可替代的积极推动作用和实践价值。

三、强化责任落实，缩小校园法治文化建设地域差异

全面有效落实各级关于初中校园法治文化建设的相关要求，需要省级政府加强协调沟通，推进各地政府加快初中校园法治文化建设步伐，各级政府亟须共同强化责任落实，缩小不同地区校园法治文化建设水平的差异性。

（一）推进校园法治文化建设的制度创新

在制度完善方面，应及时修改和完善现行初中校园法治文化建设制度中不合理、不适用的内容。在政策上，进一步明确初中校园法治文化建设水平达到国家标准的时间节点，制订分阶段的达标计划。初中校园法治文化建设制度应覆盖省定标准下的区域内所有独立设置的公办学校，省级政府应进一步明确校园法治文化建设的构成要素、实施路径等，应针对不同类型学校解决新问题。

在管理机制构建方面，初中校园法治文化建设制度的推进及落实与一个科学规范的

管理机制是分不开的，省级政府应通过有效的管理机制来激励地市级政府积极建设、创新制度，改变过去单纯要求地市级政府加大投入的现状。应加大对学校特别是贫困地区农村学校的一般性转移支付水平，形成稳定增长的可持续投入机制。

在共建机制完善方面，学校法治文化建设是政府和社会的共同责任，各级政府应增加区域内经济欠发达地区中学法治教育的资金支持和财政投入的权重。同时，应进一步改进中学法治教育经费的共建机制，扩大中学法治教育发展的资金渠道，通过建立健全企业和个人对中学法治教育捐赠的积极性，支持中学的法治教育，形成政府投入与社会组织投入的积极互动。

（二）强化校园法治文化建设的责任落实

加大贫困地区农村学校的投入力度。当地政府应尽快确定与自身区域经济发展水平相适应的校园法治文化建设标准，切实担负起主体责任，进一步明确初中校园法治文化建设的构成、标准、科学模式，形成稳中有进的动态调整机制。进一步提高本地区初中校园法治文化建设的保障水平，加大本级财政投入力度，积极有效整合各级财政补贴、专项经费、地方教育附费等资金，提高中学法治宣传教育经费的占比，改变初中校园法治文化建设在整个教育投入中的弱势地位。

加强经济欠发达地区学校的政策扶持。地方政府应尽快改善贫困地区农村初中校园法治文化建设的政策环境，给予贫困地区学校与城市学校相当的政策扶持，确保对贫困地区农村学校法治宣传教育经费投入。

（三）严格校园法治文化建设的绩效评估

在监督检查上，不断加强基础管理工作，充分调动当地教育行政部门和普法部门的积极性，搞好密切配合，形成合力，加大对各学校法治宣传教育监督和检查经费保障情况。在预算分配、使用过程和投入效果等方面，研究出台具体实施方案，提高预算的标准化和规范化。各级学校还须进一步公开财务信息，接受社会监督，各级政府应组建专项工作领导小组对中学法治宣传教育经费投入使用的情况开展督导检查问效，确保有效性。

在绩效评价上，国家层面应加快出台学校法治宣传教育绩效评价指导意见，将绩效理念和要求贯穿初中校园法治文化建设的全过程，进一步明确实施的具体标准、程序和方法。各地根据国家初中校园法治文化建设绩效评价的指导意见，研究制定出台符合本区域实际的绩效评价制度。

在激励措施上，充分发挥好中央和省财政"以奖代补"考核指挥棒的作用，可适时建立完善省级财政统筹的全省中学法治文化建设正反向激励措施，在绩效评价结果运用上，严格依据和参考省级财政综合奖补分配和相关日常教育教学工作的开展，对中学法治宣传教育改革和发展进行不断的动态调整和在相关政策措施上给予大力支持。

参考文献

[1]包红梅.生态文明视阈下的生态道德教育[J].内蒙古师范大学学报（教育科学版），2014，27（4）：36-38.

[2]陈飞.道德教育话语权探析[J].现代大学教育，2009（01）：82.

[3]陈婕.培养初中生法治意识的三条策略[J].新课程导学，2020（30）：41-42.

[4]陈丽.青少年网络道德教育现状及应对策略[J].成功（教育），2008（04）：142.

[5]陈志勇.初中学生法治意识培养路径探析——基于《道德与法治》的教学[J].福建教育学院学报，2021，22（02）：77-79.

[6]陈钟山.初中道德与法治课培养学生法治意识素养的思考[J].亚太教育，2022（13）：181-183.

[7]冯倩.新时期大学生道德教育理念和方法创新研究[D].天津：天津大学，2015：7-8，21-23.

[8]付文杰，何艳玲.论生态文明与生态道德教育[J].教育探索，2005（12）：43-45.

[9]高红梅.培育初中生法治意识的策略研究——以初中道德与法治课为例[J].新智慧，2021（12）：43-44.

[10]关宇.中学生网络道德存在的问题及对策研究[D].牡丹江：牡丹江师范学院，2015：14-18.

[11]郭志梅.培育学生法治意识的校本化策略[J].中学政治教学参考，2022（02）：47-48.

[12]胡洁.一题多境：培养初中生法治意识的有效策略[J].中学政治教学参考，2022（6）：9-12.

[13]胡艳华.加强中学生网络道德教育的探索与研究[J].太原城市职业技术学院学报，2010（01）：100-101.

[14]李金春.关于新时期生态道德教育的思考[J].教育与职业，2011（33）：60-61.

[15]李平.论全民生态道德教育[J].求实，2009（12）：95-97.

[16]李兴明.初中生法治意识的培养策略[J].教师博览（科研版），2020（4）：92-93.

[17]梁家妍，景云.初中道德与法治课学生法治素养培育探析[J].中学政治教学参考，2020（03）：54-56.

[18]刘大芳.新媒体视域下大学生道德教育创新路径研究[J].记者摇篮，2020（09）：67-68.

[19]刘长欣.道德教育及其知识化路径[J].教育研究，2014，35（08）：25.

[20]刘振亚.生态道德教育的理论和实践探索[J].教育探索，2007（2）：90-91.

[21]陆红梅，李军.学校道德教育话语权创新及其实践途径[J].黑龙江高教研究，2010（12）：147-149.

[22]罗静文.初中生法治意识的现状及培养策略[J].中学课程资源，2022，18（1）：64-66，80.

[23]马先忠.以案例培养学生法治意识[J].思想政治课教学，2018（10）：54-55.

[24]秦楠."人工智能+道德教育"的潜在风险、价值规约及未来路向[J].当代教育与文化，2022，14（04）：9.

[25]唐文玲.生态道德教育浅议[J].知识经济，2015（1）：136-137.

[26]汪倩倩，谌力，汪丽.生态道德教育的理论探析[J].南京政治学院学报，2013，29（4）：39-41.

[27]王丽.何以培育初中学生法治意识[J].中学政治教学参考，2018（29）：13-14.

[28]王世民，李泊，周磊，等.论学校生态道德教育的理论与实践[J].江西社会科学，2003（12）：223-225.

[29]王晓缘.活动型学科课程培育学生法治意识[J].思想政治课教学，2019（10）：18-21.

[30]王渊.基于科技伦理视角的大学生网络道德教育模式研究[D].武汉：中国地质大学，2013：75-104.

[31]王正坤.探究中学生网络道德教育的有效运行机制[J].考试周刊，2021（03）：16-17.

[32]魏璟.大学生网络道德教育现状及其对策研究[D].兰州：兰州交通大学，2021：19-31+40-58.

[33]吴晓瑜，向颖.浅谈道德与法治课学生证据意识的培育——以"合理利用网

络"教学为例[J].中学政治教学参考，2022（6）：79-80.

[34]杨立娟.通过道德与法治课程加强初中生法治意识[J].新课程，2020（41）：224.

[35]杨立敏.学校网络道德教育的开拓性思考[J].教育与职业，2015（13）：49-51.

[36]杨秀明.青少年网络道德教育研究[D].秦皇岛：燕山大学，2009：5.

[37]叶瑞祥，卢璧锋.当代青少年道德教育研究[M].珠海：珠海出版社，2010.

[38]余天放.道德教育的人工智能模式[J].思想理论教育，2021（05）：91-96.

[39]张青兰.论生态道德教育[J].求实，2008（12）：89-91.

[40]周亮.道德与法治教学培养学生法治意识的途径[J].中学政治教学参考，2019（36）：61-62.

[41]周青青.试论道德教育的文化底蕴[J].金华职业技术学院学报，2022，22（2）：31-36.

[42]周围.道德教育的理念更新：论积极取向道德教育[J].现代教育管理，2012（12）：112.

[43]朱志刚.论"两型"社会目标下的生态道德教育[J].理论月刊，2008（9）：49-51.

[44]邹庆华，邝家旺.生态文明视域下环境伦理教育的实践路径[J].哈尔滨工业大学学报（社会科学版），2022，24（3）：134-139.